JN410057

낙타는 뛰지 않는다

낙타는 뛰지 않는다

지은이 | 권순진

발행 | 2018년 1월 30일

펴낸이 | 신중현
펴낸곳 | 도서출판 학이사
출판등록 | 제25100-2005-28호

대구광역시 달서구 문화회관11안길 22-1(장동)
전화_(053) 554-3431, 3432　팩시밀리_(053) 554-3433
홈페이지_http://www.학이사.kr
이메일_hes3431@naver.com

ISBN_979-11-5854-119-4　03810

이 도서의 국립중앙도서관 출판예정도서목록(CIP)은 e-CIP 홈페이지(http://seoji.nl.go.kr)와 (http://www.nl.go.kr/kolisnet)에서 이용하실 수 있습니다.(CIP제어번호: CIP2018002892)

대구문화재단

본 도서는 '2017 대구문화재단 문화예술진흥사업' 일부를 지원받아 출간되었습니다.

권순진 시집

學而思 | 학이사

자서

급히 서둘러서 될 일이 있고 되지 않는 일이 있다
AM모드에서 FM모드로 바꾸는 일도 내겐 그렇다
십 년 넘도록 이른바 시운동에 '매진' 하면서
다른 사람의 시를 소개만 해왔지 정작 내 시는 쓰지 못했다
늦게 시작한 시업이고 시를 따로 공부한 바 없으니
깜냥을 잘 알기에 욕심이니 조바심 따위는 없다
하지만 답안지의 반도 채우기 전에
펜을 내려놓는 것 같은 찝찝한 이 기분은 무언가
그마저 영 엉터리인 것 같아 부끄럽기 그지없다
다음 기회가 있다면 이런 민망함만큼은 면하고 싶다
이번에 묶는 시집은 그 푸닥거리로 삼고자 한다

2018년 1월
권순진

차례

1. 개별 경제학

2. 낙타가 왔다

3. 애정이 꽃피는 언덕

4. 새들의 역습

1

개별 경제학

대박이란 말

툭하고 걷어차이는 것들마다 대박이다
음식이 조금만 맛나도 대박
약간 이상한 옷을 입고 나와도 대박
복면가왕에서 입을 달싹이기만 해도 대박
텔레비전 자막마다 대박
아이 어른 할 것 없이 온통 대박이다
상황과는 무관 이리저리 잘도 갖다 붙인다
한 나라의 대통령이 꿈에도 소원인 통일을
무슨 도박판의 싹쓸이인 양
벼락 맞을 확률보다 낮다는
로또 돈벼락이라도 맞을 것처럼
신의 한 수인 양 대박이라 내뱉질 않나
또 다른 경박한 대통령은
해준 것도 없이 아무렇게나
'부자 되세요' 란 광고카피 인사말을
앞장서 유행시키질 않나
품격이라고는 손톱의 반달만큼도 없는
무엇으로 부자 되고 성공시대를 열까
지난해 정초 누가 비트코인에 관해 묻길래
꿈도 꾸지 말라며 말렸더니

대박의 찬스를 나 때문에 날렸단다
제기랄, 동동 떠다니는
알맹이 없는 천박들이
삼 년 전 급히 먹다 얹힌 짜장면을 역류케 한다

개별경제학 2

쉰두 살 미영 씨는 담낭절제수술을 앞두고 극도의 불안감에 휩싸였다 의사는 환자를 안심시키고자 말이나 양 사슴 등은 아예 태어날 때부터 쓸개가 없고 떼어내도 살아가는데 큰 지장은 없을 것이라고 했다 어려운 수술이 아니니 그리 벌벌 떨 필요는 없다는 말도 덧붙였다 하지만 미영 씨는 살아도 '쓸개 빠진 년' 이 된다는데, 자신은 고기도 좋아하고 무엇보다 배를 가르는 수술이라는데 겁을 먹지 않을 수 없었다

수술실에서 오만가지 생각이 머릿속을 헤집고 다녔다 그 상황에서 퍼뜩 스쳐가는 것이 있었다 9개월 전 오랜 친구인 현자에게 열 달만 쓰고 이자 10%를 붙여 돌려주겠다고 해서 남편 몰래 빌려준 돈 2백만 원이 생각났던 것이다 램프가 켜진 수술대 위로 막 올라서려는 순간 "잠깐만요!" 소리쳤다 인상이 좋아 보이는 레지던트에게 그 사실을 알리면서 남편에게 꼭 좀 전해달라고 부탁했다

소원수리

내 생이 꼬이기 시작한 건 그날 밤 쌀가마니 세 개를 월장시키라는 선임하사의 명령을 받들지 못했을 때부터다 작업보조를 위해 방위 두 명을 대기시키라는 지시도 듣지 않았다 우리 부대는 후방 헌병대였고 쌀은 남아돌았다 수감자들에겐 정량이 제공되지 않았으며 헌병들은 외식문화에 익숙했다 다음날 워커발로 조인트를 다섯 차례나 까였다 남들은 일 년에 한 번 갈까 말까한 유격훈련을 고참병 대신 두 번이나 더 다녀왔다 차라리 유격장이 신간은 편했다 동료 사병들도 내가 포크 창에 찍힌 단무지 같은 신세인 걸 알고 있다 그들의 비겁 위에 물구나무 선 연민은 하나도 달갑지 않았다 찍힌 건 나 말고도 한 명 더 있다 소원수리 때 '황소무사통과탕' 에 관한 진실을 까발렸다가 필적 감정으로 들통난 K상병이다 나도 확 까발려버릴까 몇 번 딸막딸막했으나 결론은 버킹검 언제나 다른 병사들처럼 '현재 생활 만족' '불만사항 제로' 였다 제대 이후도 늘 그런 식이다 시원하게 답답함을 풀어버리고 싶은데 잘 되지 않았다 이미 대책이 서지 않는 생이었다

호랑말코의 정체

전에 살던 아파트에서의 일화다 전날 과음하여 늦잠을 자는데 요란하게 전화가 울렸다 주차장에 차를 빼달라는 경비아저씨의 전갈이다 아무거나 걸치고 부리나케 내려갔더니 책이 잔뜩 실린 내 구식 카니발 오른편에 검은색 메르세데스 벤츠가 딱 붙어있다 잠이 덜 깬 상태라 미안하고 다급한 마음에 얼른 차를 빼주었다 정신이 돌아와서 가만 보니 벤츠 오른쪽에는 차가 빠져있어 조수석으로 탑승해도 지장이 없었는데 왜 기어이 호출했을까 1307호 사모님이 그랬다는 것이다 "여기 사는 사람 차 맞나요? 우리 동에 이렇게 후진 차를 타고 다니는 사람도 있어요? 나오라 그래 보세요, 어떻게 생긴 사람인지 좀 보게" 얘기를 듣고 부아가 치밀었으나 갈구지도 원한을 품지도 않고 이내 잊어버렸다 두어 달 뒤 외제차를 두 대나 굴리며 빈집털이를 일삼다가 체포 구속되어 어제 TV에 나온 전과 11범 절도범이 1307호 남자라는 소문이 파다했다 시장에 5층 상가도 갖고 있고 얼마 전 손녀도 보았다고 한다 결국 그들 가족은 일주일 뒤 야반도주하듯 이사를 가버렸다 그때서야 경비 아저씨한테 "우리 동에 그런 도둑놈이 살았어요? 그 도둑놈 사모님이 팁도 가끔 줍디까?" 소심한 복수를 할 수 있었다

에라, 인간아

호프집은 희망을 파는 곳이 아니다 희망을 팔진 않지만 가끔 희망을 파는 가게처럼 거품으로 위장을 한다 한때의 아내가 하던 가게를 잠시 봐준 일이 있다 봐준다는 것은 내가 영업에 관여치 않는다는 뜻이다 무슨 일이야 있을까만 두어 시간 비뚜름히 선 장승처럼 지키기만 하면 된다 서 있는 대신 가장 외진 자리의 긴 소파에 비스듬히 드러누워 있었다 초저녁 손님이 왔다 중늙은이 둘이다 아르바이트 하는 여종업원이 주문을 받았다 이빨을 쑤시면서 들어온 손님은 "저기 갈비를 잔뜩 뜯어먹어 배가 많이 부르거든, 그래서 입가심만 가볍게 할 거니까 안주 없이 500 둘, 되지?" 500 둘은 생맥주 500시시를 말한다 안주 없이 달랑 맥주만 달라는 거다 이럴 땐 대개 팝콘 한 접시가 따라나온다 그딴 식이면 커피 한 잔보다 훨씬 싸게 먹힌다 울대를 꿀럭거리며 말끔히 잔을 비운 남자가 종업원을 호출했다 "아가씨, 주인과 아무 관계 아니지? 목이 말랐던 것 같아, 리필로 여기 반 잔만 더 서비스해 줄래? 자네 잔도 이리 줘 봐"

개별경제학 3

여인숙 3호실에는 두리네 가족 넷이 산다
하나, 두리, 세나, 그리고 두리 엄마
초등학교 때 공깨나 찼다던 두리 아빠가
엄청 존경하는 차범근 선수
자기 아이들의 이름을
하나와 두리로 지은 것을 흉내 내었단다

두리 가족의 월 소득은 이것저것 합쳐
57만 원이란다
여인숙비 15만 원을 내고나면
요즘은 세나의 분윳값이 가장 큰 걱정이다

화장실 겸 부엌,
방에는 동개동개 박스 몇 개
정신의 세간이 들어앉을 틈도 없는
그들에게 희망은 무엇일까

일곱 살 하나는 커서 의사가 되겠다는데
선천적으로 안 좋은 간을 갖고 태어난
장남 두리는 축구선수가 꿈이라며

방에 뒹구는 바람 빠진 공을 툭 찬다
엄마는 간에 좋다며 시장에서 주워온
지푸라기 달인 물을 두리에게 떠먹이고 있다

잔여 수명

살아 있는 자에게는 반드시 죽음이 오고
만나는 자는 누구나 헤어져야 한다
우리는 살아가는 동시에 죽어가고 있다
헤어짐은 언제 어떤 형식으로 찾아올지 모른다

인터넷 잔여 수명 계산기에
이것저것 묻는 대로 성실하게 답변했다
잠시 엔진이 돌아가더니
진단결과가 나왔다

잔여 수명 4년
잔여 수명 48개월
잔여 수명 1460일
잔여 수명 35040시간
잔여 수명 2102400분
잔여 수명 126144000초

주변 여건 생활습관 가족병력 그리고
나의 만성질환이 모두 수명을 앞당겼다
욕망도 어지간히 낡아버렸다

저 숫자들이 누에의 뽕잎처럼 갉아 먹히고
동파방지를 위해 조금 틀어둔 수도꼭지에서
똑똑 떨어진 물방울이 양동이를 채우듯
내 죽음의 밥그릇도 채워지겠지

한참 우울해져 있던 차에
한 선배에게 "나 4년 밖에 못 산대"
커밍아웃을 했더니만 선배는
"이 사람아, 나도 해봤는데
'당신은 이미 3년 전에 죽은 사람' 이란 거야"

웃을 수도 찡그릴 수도 없는
비스듬히 기댄 나의 쓸쓸한 안도

나으리

김포공항을 막 이륙 뉴욕을 향해 떠난 항공기에 폭발물을 탑재했다는 한 얼빠진 작자의 112 공갈제보를 접수한 관제탑은 회항명령을 내렸다 기장은 황급히 기수를 돌려 서해에다 연료를 쏟아 부은 다음에야 다시 되돌아올 수 있었다 최대이륙중량과 최대착륙중량이 달라 그 편차만큼 무게를 줄이기 위해 기름을 내버린 것도 모자라 항공기에 부과된 거액의 황당한 착륙료가 부과되었다 게다가 그동안 비슷한 사유로 뭉치에 파묻혀 관행대로 청구되고 지불된 돈만도 무려 7억여 원 여러 사람 공포분위기 몰아넣고 허비된 금쪽같은 시간에 비싼 기름값 활주로에 바퀴가 닿았다는 이유로 착륙료라니 이건 아니다 싶어 다른 나라의 사례까지 조사하여 요금면제 요청서류를 만들어 찾아간 주말의 교통부 사무실

직원들 책상 귀퉁이에 모여 무언가 열심히 논의 중이었다 그날 오후 한 직원의 모친 회갑연 참석을 앞두고 부서 명의 축의 봉투를 쓰는데 '祝 壽宴' 이라고 해야 할지 '祝 壽筵' 으로 써야 할지를 놓고 사무실 전 직원이 한참동안 웅성웅성 설왕설래하는 모습이었다 잔치 '宴' 이 맞는지 대자리 '筵' 이 합당한지를 두꺼운 옥편까지 가져다 놓고 벌이는 저 치밀하고도 치열한 장시간의 난상토론이라니 그렇게나 할 일이 없

나 싶다가도 주인 없는 직장이라 그럴 수 있겠다는 생각이 들었다 한참 기다렸다가 담당자는 들이민 공문을 후딱후딱 넘기며 벌름거리는 콧방망이 소리로 내뱉는 말의 꼬락서니 하곤 "비정상적인 착륙도 착륙은 착륙 아닌가 요금 부과가 잘못된 건 아닌 것 같은데…"

눈을 내리깔던 그 나리를 다시 떠올린 건 그로부터 꼭 20년 뒤 협회의 문예진흥기금 정산서류를 들고 시청을 방문했을 때다 이미 집행된 금액에 '일금일천이백만원' 이라 붙여 쓰지 않고 '일금 일천이백만원' 금과 일 사이에 스페이스 바를 눌러 공백이 한 칸 생겼다고 다시 해오라며 서류를 휘릭 날리는 것이 아닌가 요즘엔 은행에서도 그러지 않는다며 비굴하게 웃으며 읍소해도 금과 일 사이에 억이 들어갈 구멍이 뚫린 것도 아닌데 뭘 그러냐고 따져도 소용없었다 나보다 예닐곱은 아래로 보이는 그 담당자가 붉은 사인펜으로 서류에다 가위표를 그려 넣을 때 난 21세기가 아닌 16세기나 17세기 어느 분위기 살벌한 감영 뜰 앞에서 핫바지 내리고 곤장을 맞는 기분이었다

개별경제학 4

아이 셋은 졸졸 걸리고
하나는 들쳐 업고서
동네 마트에 온 영숙 씨
천 원짜리 두부 한 모와
콩나물 한 봉지
주섬주섬 과자 봉지 몇 개
일용할 양식이 담긴 카트를 끌고
계산대 앞에 섰다
계산원으로부터 합산금액을 알려 받은 뒤
잠시 망설이더니
과자 봉지 두 개를 남기고
질소가스 빵빵한 두 개는 내려놓는다

청송 왕고모 할매

깐얼라쩍 오매가
머리에 물도우 인데다
날 들쳐 업고 징검다리 건너매
홀렁 뒤로 자빠져가
뼈가 마 뿌사진능기라
그때 골짜에 병워이 어딨겠노
된장 조금 치바르고는
그마 지대로 나아삣는기라
보긴 좀 숭해도
일하는 덴 아무 지장 엄써
이래 뵈도 밭은 잘 맨다카이
심 좋은 기 탈이제
일 잘 한다고
만날 동네 불리 안 댕깄디나

곱등이 청송 할매가
울 엄마를 그리 좋아하셨는데…

안동 권씨 급사중공파 35대손

아시다시피 안동 권가는 돌림으로 쓰는 이름자만 보면 대충 몇 대손인지 항렬이 높은지 낮은지 족보가 다 드러난다 내 이름 가운데 순수할 純 안엔 7이란 숫자가 들어앉아 있다 이름만 보면 영락없이 안동 권씨 37대손이다 그런데 삼십오 년 전쯤 문중에서 통보가 왔다 원래는 계보의 막내 격인 급사중공파 35세손인데 중간에 어쩌다 계산이 잘못되어 37대가 되었다는 것이다 그래서 지금도 아버님 비석엔 당시 문중에서 누가 관여를 했는지 純이 아니고 旬이라 각자되어 있다 그걸 볼 때마다 속으로 '무엇이 중헌디' 라고 구시렁거렸다 가끔 종씨를 만나면 이미 다 알고 있다는 듯 몇 대냐고 묻는다 그때 나는 자초지종 이실직고 아니 하고 37대라고 말한다 그 다음은 거의 예외 없이 손자뻘이네 조카뻘이네 하면서 조금 알로 대한다 세상 살다보면 진실을 고하는 것이 오히려 구차하고 모양 빠지는 일 같아 '실은' 그냥 귀찮지 않게 그대 생각대로 말해줄 때가 있다

성찰적 정의감

서울 지하철 2호선 전동차 안, 건장한 40대 남자가 경로석 앞에 서더니 앉아있는 노인네를 향해 다짜고짜 "공짜 지하철 타는 주제에 뻔뻔스럽게 자리까지 차지하다니, 다리 후들거리지 않는 거 보면 서서가도 되겠구먼…" 난 처음에 내 귀를 의심하면서 무슨 영화를 찍는 줄 알았다 할머니 혼자 남고 할아버지 둘은 아무 말 없이 슬그머니 일어서더니 전동차 옆 칸으로 이동해버렸고 그 사이 남자는 그 자리에 쩍 다리를 벌리고 앉았다 차 안은 정적만이 감돌았다 방관자들은 각자 비겁에 대한 수치심을 조금씩 나눠가질 뿐 아무 일도 일어나지 않았다 나는 야릇한 모멸감에 스멀스멀 몸이 가려웠다 이미 남자는 점잖게 팔짱을 끼고선 지긋하게 눈을 감고 있었다 "그 참 젊은 양반 말씀 한번 되게 고약하시네 아버지뻘 되는 노인분에게 좀 지나치지 않소 사람들이 다 보는 공공장소에서" 약발 다 떨어진 생뚱맞은 내 뒷북이었다 남자는 "아니 아저씨, 내 말이 뭐 틀린 말은 아니잖소" 세게 나오면 어쩌나 내심 쫄았는데 그나마 다행이었다 하지만 그 말 한마디는 반사적 정의감이 아니라 치사한 갈등을 겪은 뒤에야 뱉어낸 것이란 걸 사람들이 다 알아챘으므로 오만상 쭈글시럽고 또 쪽 팔렸다

그냥 무엇해서

담배를 끊고 나서 집안 구석구석 나뒹구는 라이터를 한 통 속에 담아두었다 먼 나라를 여행하며 기념으로 산 것도 있고 누군가로부터 선물로 받은 것도 있다 바람이 웬만큼 불어도 횃불처럼 불꽃을 흔들며 타올랐던 지포도 연료는 휘발되었지만 건재하다 담배를 피우는 작은아이에게 주기도 멋쩍고 그냥 버리기도 뭣해서 모아둔 것들이다

집을 반으로 줄여 이사를 가려고 짐들을 정리하고 있다 보아하니 그릇이니 옷가지, 문방구며 책 나부랭이, 내 집 물건 가운데 쓰임새가 미심쩍은 어중간한 팔 할의 잡동사니들 이들이 나의 생계를 담아내고 배경이 되어줄 일이 있을까 나를 보듬어주기라도 할까 더구나 저 가지런히 누워있는 책들, 내 정신의 이두박근이 되어줄 가능성은 도무지 희박해 보인다

몽땅 종량쓰레기봉투에 쓸어 담으려다가 훗날 약으로 찾을 소똥이 될지도 몰라 라이터는 불꽃이 예쁜 두 개만 남겨두었다 그릇과 옷가지는 딱 잘라 반을 버리고 반은 박스에 담아면 테이프로 봉했다 언제나 천덕꾸러기이면서 내 깜냥의 밑천인 책들은 몇 차례 주저하다 두어 박스 시범 케이스로 내보낸 것 말고는 에라 모르겠다, 모두 낑낑거리며 옮겼다

어쩌면 이 생의 후줄근한 내 처지도, 일찌감치 용도 폐기되었거나 남아도는 잉여는 아닐까 군살을 질질 끌며 근근이 살아가는 루저는 아닐까 진작 아웃사이드에 처박혔는데 나만 모르는 건 아닌지 그냥 뭣해서 사는 지루한 생은 아닐까 그러나 어느 순간 예쁜 불꽃의 인화성 물질이 될지, 누가 침을 발라 몇 쪽의 책갈피로 넘겨줄지, 딱 한 번 어디든 쓰이겠는지, 그러나 영영 쓰이지 않을지 모르는

한 걸식자의 비망록

먼지 눈발이 날리기 시작한 동네 어린이 놀이터
시소 옆에 빨랫감처럼 구겨져 웅크린 채
딱딱하게 굳어져간 한 걸인의 손에서
모서리 너덜너덜 닳고 헤졌으나
침 바른 흑연 자국 선명한 수첩 하나 발견되었다

빼곡 누구네 환갑 아무개 칠순 잔칫날이
대차대조표상의 채권처럼
차변에 길게 적혀있었고
오른쪽엔 그만이 알았을 방식으로
간단히 주소와 위치를 표시해 두었다
그 밑에 이런 푸념도 굴림체로 갈겨져 있다
"요즘은 잔치가 없어 이 짓도 못 해 먹겠다"

그로서는 요긴한 밥줄이자
집문서나 예금통장에 버금가는 중요 장부인 셈이다
그가 이 겨울 살아남기만 하였어도
돌아오는 삼월 초순에는
희수네 칠순잔치 하객으로
이백처럼 단순한 행복에 겨울 수 있을 것이고

디오게네스의 원통만 있었더라면
알렉산더를 부러워하지 않아도 무방했을 터인데

달은 높아 어둠이 익어가고
움직임 없이 까맣게 접혀진 몸
손아귀에 꼭 쥔 수첩만은
뿌연 미세먼지 속에서 최선을 다해 펄럭였다
생의 전부를 걸었던 그의 유일한 증빙인

현리에서 버스를 기다리다

현리 황톳길 시간에 한 대씩 오는 버스를 기다렸다 작은 평상이 있는 주막에서 막걸리 한 사발을 시켰다 어느 도망자와 어느 추격자가, 때려치운 농사의 뒤도 돌아보지 않고 도회로 내빼는 걸음을 재촉한 어느 이농인이, 귀향하는 한 시무룩한 도시 파산자가 번갈아 입술의 침을 묻혔을 노란 양은 잔에 가득 찰랑거리는 탁주와 잔보다 더 큰 그릇에 수북이 담긴 정구지 김치가 안주 자격으로 나왔다

한 모금 뒤 가느다란 정구지 한 올을 핀셋으로 집어 올리듯 입으로 옮겼다 12첩 한 상 가득 통째로 농축되어 퍼져간 향으로 입안이 묵직했다 봄의 물안개가 피어올랐다 장마가 지나가고 밤꽃 향기 번지더니 잇몸이 아릴만큼 억센 우박이 내려쳤다 목구멍 안쪽이 바짝 타들어 가는 사이 눈밭의 마늘밭이 목젖에 걸렸다 불쑥 겨자향이 씹히면서 그윽한 할머니의 옛이야기 한소끔 묻어났다 선악의 분별이 안 되는 박테리아 하나가 혓바닥 위에서 통통 춤을 춘다

지나친 공기노출로 깊고 풍부한 맛이라 둘러대긴 어려우나 고향의 흙내음 하나는 온전했다 단 한 번 건져 올린 한 획의 정구지로 막걸리 한 잔을 다 비웠다 멀리 버스의 기척이 들렸

다 서둘러 셈을 치르고 버스에 올라타자 부릉부릉 불량한 가스를 내뿜으며 바퀴가 땅을 크게 핥았다 황토 먼지가 내 앉았던 자리를 가지런히 도포했다 뒤창을 통해 본 할머니는 내가 쓴 젓가락으로 사발에 담긴 정구지 뭉텅이를 획 한 번 뒤집었다

지공거사

지하철을 공짜로 탈 수 있는
대망의 연세가 착착 다가온다
저기에 있는 고지처럼 이제 얼마 남지 않았다
이러다 내 바로 앞에서 덜컥 나무 막대기가 내려와
가로막히는 건 아닐까 조바심마저 생긴다
이렇게 내 늙음이 순조롭게 진행되는 사실을
반겨도 좋은 노릇일까 갸우뚱하다가도
치사한 당근이 재촉하는 생의 덫에
서둘러 빠져들려는 이 어리석음은 무언가
막 싸돌아다닐 시간이나 널널하고
신간이나 할랑하면 좋으련만
분별없는 열정 따윈 다 소진하였겠으나
삶의 틈새로 끼어든 이물질이 아니라
남루한 존엄일지언정 지켜낼 것은 사수하며
덤을 얻어 사는 생처럼 공으로나 살았으면

2

낙타가 왔다

서울의 둥근 달

쌀독에 쌀 떨어지면 라면 끓이면 되고, 라면 값 오르면 손가락 빨면 되고, 빨다가 심심하면 동네 한 바퀴 돌면 되고, 발길에 빈 깡통 채이면 그냥 걷어차면 되고, 허리 삐끗하지 않으려면 살살 차면 되고, 병원비 비싸면 안 아프면 되고, 가끔 전기 나가면 부둥켜안으면 되고, 첫날밤처럼 하던 대로 하면 되고, 코피 터지면 틀어막으면 되고, 사랑도 지쳐 가면 물로 칼베기 싸움 한판 하면 되고, 모히또 가서 몰디브 한 잔 꿈꾸면 되고, 위로가 필요하면 같이 기도하면 되고, 뜻대로 하옵소서 하면 되고, 생각대로 하면 되고…

서울 사는 온달 같은 큰아이가 평강공주 같은 영희를 만났는데, 그래서 장가가고 싶어 죽겠다는데, '아나 여깄다' 서울의 비탈길 작은 연립 전세자금이라도 한 1억 턱 내놓지 못하는 아비는 은박지 씹는 기분이다 하나님 공부한다는 녀석에게 무슨 폼 나는 일이 있겠냐만, 그래도 시비할 생각은 없다만, 대신 한때 유행했던 '되고 송'을 좀 빈정대는 투로 변주해, 그 송을 너 마빡에다 탁 붙여주고 싶다

하지만 세상 뜻대로 되는 일이란 그리 많지 않음을 아비는 잘 안다 알다 뿐이랴 뒤죽박죽 살다가 언제 이렇게 며느리 볼

나이로 늙어간 것인지 생각하면 알맹이 없는 쭉정이 삶이
었음을 내 스스로 더 잘 안다 너도 나쁜 피를 물려받았다
그래도 나쁜 피를 좋은 피로 바꾸려고 억지로 용쓰진 마라
그리고 너의 사랑을 롤러코스트에 태우지는 마라 안전 빵
으로 가라 그리고 아비 불쌍하다는 핑계로 낙향 하진마라
서울에서 뼈를 묻어라 넓고 깊은 사랑의 세계로 그윽하게
너를 인도하는 저 서울의 달, 야무지게 봐 두어라

아버지 땅콩

겨울철 술에 취해 귀가하는 아버지의 외투 주머니를 들추면 오징어채나 땅콩 따위가 나온다 단골 맥줏집 혹톨에서 먹다 남은 안주를 습관적으로 주머니에 넣어 오신 것이다 어린 나이에도 아버지가 치사해 보였다 나는 아버지보다 더 치사하게 겨울 한 철 아버지 호주머니 뒤지는 재미에 홀딱 빠져있었다 주머니에 몰래 손을 넣어 건져 올리는 짭짤한 먹을거리들 하지만 아버지는 모르셨는지 알면서도 눈을 감아주신 것인지 한 번도 추궁하지 않으셨다 설마 어른 체면에 당신의 일용할 간식이었을까 어쩌면 당신은 이미 자식 몫이라고 여겼는지도 모른다 술집에서 남긴 것을 생색내며 아나 여기 있다 내밀지는 차마 못했을 터이고 보면 어쨌거나 그해 겨울 아버지에 대한 나의 막연한 적개심이 조금씩 허물어져 갔다

어중간한 안면

신문사 독자위원회에서 왕년 화려한 씨름기술로 이름을 날린 손상주 장사를 만났다 그가 밥을 먹으며 하는 이야기가 걸작이다 하루는 길을 가다가 낯선 사람이 자신을 불러 세우더라는 것이다 어디서 많이 본 것 같고 안면이 많다면서 초등학교 동창인지 군대생활을 같이 했는지 분명히 자기가 아는 사람일 거라며 확신에 찬 목소리로 말을 걸어오더라는 것이다 자기는 기억력이 부실해 퍼뜩 생각이 안 나 기억 못 해도 그 쪽은 나를 알지 모르니 "나 모르겠소?" 하더란다 생면부지의 사람을 알 턱이 없겠는데 전에도 그런 사람이 있어 "혹시 옛날에 저를 TV에서 보시지 않으셨냐?" 라고 대꾸한 적이 있다고 했다 이번에도 그랬더니 "누구시죠?" 라며 되묻곤 갸우뚱 갸우뚱 한참을 되돌아서 가더니 "아, 손상주!" 30미터 후방에서야 크게 소리치더라는 것이다 아무것도 아닌 내게도 가끔 길에서 어중간한 안면이 어중간하게 알은 체 하는 사람을 만난다 억겁엔 미치지 못해도 만겁의 분량쯤은 족히 되는 불량한 기억의 인연들을

낙타는 뛰지 않는다

날마다 먹고 먹히는
강한 자가 지배하지도
약한 자가 지배당하지도 않는
초원을 떠나 사막으로 갔다

잡아먹을 것 없으니
잡아먹힐 두려움이 없다
먹이를 쫓을 일도
부리나케 몸을 숨길 일도 없다

함부로 달리지 않고
쓸데없이 헐떡이지 않으며
한 땀 한 땀
제 페이스는 제가 알아서 꿰매며 간다

공연히 몸에 열을 올려
명을 재촉할 이유란 없는 것이다
물려받은 달음박질 기술로
한 번쯤 모래바람을 가를 수도 있지만

그저 참아내고 모른 척한다
모래 위의 삶은 그저 긴 여행일 뿐
움푹 팬 발자국에
빗물이라도 고여 들면 고맙고

가시 돋친 꽃일망정 예쁘게 피어주면
큰 눈 한번 끔뻑함으로 그뿐
낙타는 사막을 달리지 않는다

중심을 잃다

열병합발전소 굴뚝들은
일제히 피워댄 3만 개피의 담배연기로
더운 김을 뿜어대는데
외곽도로의 눈은 더디 녹았다
급하게 우회전하는 차들이 기우뚱
소방서 쪽으로 중심을 잃는다
개켜진 눈 더미 속으로
주르륵 처박히는 차도 보인다

중심을 벗어나면
속도는 불안하기 마련
그 뒤에 벌어지는 운동은
통제 불능 건잡을 수 없게 된다
잡지 못한 중심으로 내내 갈팡질팡했던
지난 세월들, 지난 과오들
왜 물 흐르듯 흘러가지 못했을까
바닥의 검은 살얼음은 보지 못했던 걸까

화火

독일에서 인간이 내는 화에 대한 실험을 했다
극도로 화가 치밀어 올랐을 때
입에서 나오는 공기, 그러니까
홧김을 비닐에 받아 농축시켰더니
0.5cc의 노란 액체가 모였다
이것을 돼지에게 주사했다
돼지가 비명을 지르며 즉사해 버렸다
홧병이란 공연히 생긴 말이 아니다

시어미가 며느리를 호되게 나무라면
젖 빨던 아이가 그 자리에서 생똥을 싼다
반대로 며느리의 화딱지 구박에
명을 재촉한 시어머니가 한둘 아니다
화가 풀리면 인생도 풀린다는데
날개 달린 아기천사의 머리 위에
동동 떠다니는 도넛 구름 같은
화의 기운을 걷어내기만 한다면

상규 씨와 흐응 씨의 작은 꿈

골목 어귀 일 년 넘도록 비어있던 점포가
어느 날 형광등 빛을 한 아름 끌어들이더니
일약 활기를 띄기 시작했다
새 냉장고에는 음료수며 맥주가 채워지고
선반에는 과자와 컵라면 등속이 가지런히 놓였다
이때만 해도 그들의 꿈은 원형 그대로 부풀었으리라
레몬 빛 간판에 환하게 불이 들어왔을 때
나는 진심으로 힘껏 박수를 쳐주며 응원했다
그러나 동시에 나는 절망을 예감했다
얼마나 버틸 수 있을까가 아니라
일 년 후엔 저 간판이 내려져 있으리라
슬프게도 확신하고 있었던 것이다
내 불운한 예언은 6개월이나 앞당겨 실현되었다
수시로 만 원에 네 개하는 캔 맥주를 사다 마셨고
작은아들에게 담배는 꼭 그곳에서 사라고 권했건만
오른쪽에 들어선 대형슈퍼와
왼편에 유독 럭키하다던 편의점을 상대로
대항하기엔 한없이 한없이 역부족이었다
마흔넷에 늦장가든 프레스공 출신 상규 씨와
그의 베트남 아내 흐응 씨가 말아먹은

불 꺼진 빈 점포 앞을 지날 때마다
사기꾼 새끼 프랜차이즈 사업주를 욕하다가
도시의 어리버리한 작은 시민을 싸잡아 연민하다가
내 지난날의 모든 실패가
울컥울컥 한꺼번에 역류하기도 하는 것이다

포장을 하면서

프랑크푸르트 공항에서의 일이다 유학 간 아들 보러 날아오신 어떤 따사로운 모정 비빔밥 좋아하는 자식 생각에 보자기로 곱게 싼 고추장 단지 신주 모시듯 손수 공수해 오셨는데, 공항에 마중 나온 아들에게 잠시 그 보따리 맡기고 참아온 소피 해결하러 간 사이 아들은 불끈 동여맨 그 보따리 풀어 엄마의 찐득한 붉은 정을 서둘러 확인해보려고 매듭을 살짝 당겨 보았다 조금 코를 벌렁대고선 누가 볼세라 얼른 단지 뚜껑 닫고 다시 보자기를 묶었는데

아뿔싸! 엄마 팔 끼고 다섯 걸음도 못 가서 허술하게 묶인 고추장 단지가 그만 땅으로 굴러 떨어져 박살이 나고 말았다 미끈한 대리석 바닥에 낭자한 대한의 붉은 옹심 어쩔거나 끄나풀 풀 줄만 알았지 단단히 묶는 솜씨 하나 제대로 배우지 못한 저 미숙한 유학생이 마치 가여운 내 자식처럼 여겨졌다 군에 간 큰아이에게 과자 부스러기 보내려 우체국에서 박스를 묶다가 문득 그 생각이 났다 끈을 단단히 조이고 묶는 법이라도 배워왔으면 좋겠다는

쉬, 비밀입니다

임진왜란 때의 일이다 강을 뒤로 배수진을 치고 왜병들과 싸우다가 부하들에게 지독히도 미움 받던 한 장수가 강물에 빠져 거의 죽을 지경이 되었다 이를 보고 있던 한 군졸이 급히 뛰어들어 간신히 장수를 건져냈다 그 군졸 덕택으로 목숨을 건진 장수는 은혜를 베풀 생각으로 군졸에게 소원이 무어냐고 물었다 그러나 군졸은 두려운 표정으로 "장군, 소인은 아무것도 바라지 않사옵니다 다만 한 가지 청이 있다면 장군을 소인이 건져드렸단 말씀만은 절대 비밀로 해주십시오" 장군이 되물었다 "그건 어째서 그러냐?" 군졸이 대답했다 "다른 군졸이 알게 되면 소인은 몰매를 맞아 목숨을 부지하기 어려울 터이니 말입니다" 20세기에도 그렇게 목숨을 건진 밉상인 장군이 있었고 또 그런 졸병이 있었다는 이야기가 비밀리에 전해져오고 있다

세상에 이런 일이

30년 전 이야기다 영등포역에서 대구로 가는 열차를 기다리다 시간이 조금 남아 붙어있는 백화점에 들렀다 눈 쇼핑도 하고 뒷일도 볼 요량이었다 화장실에서 바지를 내리는데 뒷주머니 지갑이 영 불편했다 지갑을 빼내 휴지 선반에 올려놓았다 속을 비우는 동안 어머니 생각을 했다 아버님 가시고 홀로 계시는 어머님이 늘 걱정이었다 아무리 며느리가 마음에 안 들어도 손자들도 있고 하니 서울로 오시면 좀 좋겠나 싶었다 정작 근심은 비우지 못한 채 쌀 것만 싸고 백화점을 서둘러 빠져나왔다 시계를 보았다 출발 20분 전이었다 열차표를 꺼내려고 지갑을 찾았다 이런 낭패라니 얼굴이 하얗게 질렸다 화장실 선반에 지갑을 그대로 두고 나온 것이다 시간은 이미 10분쯤 흘렀고 숱한 사람들이 다녀갔을 백화점 공중 화장실에서 기대 자체가 콩떡이었고 일백프로 가망 없는 노릇이었다 온몸이 먹먹했으나 그냥 있을 수 없어 냅다 달려갔다 당연히 내 지갑은 사라지고 난 뒤였다 지갑엔 어머니께 드릴 용돈 포함 그때 돈으로 현금이 30여만 원, 몇 개의 카드와 신분증이 들어있었다 순간의 깜빡이 모든 걸 잃게 했다

당장 어머니를 뵈러 내려가는 일부터 막막해졌다 그때 화장실 입구 간이 의자에 앉아있던 대학생으로 보이는 젊은 남녀 한 쌍이 일어서면서 "무얼 찾으세요? 뭘 잃어버리셨나요?" 라

고 묻는다 “네, 화장실에서 지갑을…” “혹시 성함이 어떻게 되시는지요?” “네 권순진이라고 합니다” 순간 희미한 빛 한 줄기가 스쳐지나가는 것을 느꼈다 “그럼 이 지갑의 임자가 맞으시네요, 지갑 안을 확인해 보세요” “아, 네 이거 맞습니다, 정말 고맙습니다. 열차 시간이…” 나는 그들의 어마어마한 선행에 말로도 감사의 인사를 다 때우지 못한 채 서둘러 지갑을 빼앗다시피 황급히 돌아서서 개찰구를 향해 달렸다 막 움직이기 시작한 열차에 올라타고서야 내 인사의 지극한 부실함이 걸리기 시작했고 나 자신의 이기가 부끄러웠다 그 젊은 대학생들을 생각하니 얼굴이 붉어졌다 그 후로 어김없이 수시로 그들이 생각났다 특히 살아가면서 양심에 터럭이 한 올씩 돋을 때마다 내가 목격한 세상에서 가장 맑고 아름다운 그들의 얼굴이 떠올랐다 내게도 세상에 이런 일이 있었다

낙타가 왔다

너는 목마른 솜처럼 낡은 구름이었다
어쩌다가는 목동이 거느린
소규모의 양떼구름이었다가
저문 하늘에 수선거리는 어린 별무리였다

가끔 별 그림자에 발이 접질렸다
모래먼지를 삼켰다 뱉어내면서
머나먼 길 표정 없이 걸어왔던
외로움은 깊어만 갔다

끝없이 모래바람이 뒤척인 자리
꽃씨도 없이 장미는 피었건만
떠나올 때 고삐를 놓친 낙타도
고향의 대추야자도 이제 그립지 않다

몇 겹인지 모를 수천의 사구를 넘으며
책갈피 속 마른 꽃잎만을 기억했나니
모든 꿈들이 가물가물해진 사이
빗금으로 빛 하나 발아래 떨어졌다

바닥 드러난 허연 우물 앞에 죽어간
많은 여행자를 기억했다
무릎을 세우고서야 장엄했었는데
모든 것을 믿으며, 모든 것을 바라며

그때 낙타가 왔다

1969년 가을 청소년 상담실

언제나 피곤하고 답답해요
배가 아픈지 고픈지 분별이 안 돼요
배가 너무 고플 땐 배가 아플 때까지 먹기도 해요
정신집중이 안 되고 꿈만 많이 꾸어요
공상은 또 어찌나 심한지요
사람들 앞에 서기만 하면 말을 더듬어요
얼굴이 화끈거리고 딱딱하게 굳어지기 일쑤예요
온갖 생각이 머릿속을 굴러다니지만
생각을 표현하기가 힘들어요
사교성이 적어 친구를 사귀지 못해요
이야기를 나눌 친구가 없어요
아무도 날 이해해줄 사람이 없거든요
너무 내성적인 건 살아가는데 많이 불편한가요?
참을성이 없어서 걱정 되요
조그만 일에도 분개하고 흥분하거든요
공부를 잘해 보고 싶은데 잘 되지 않아요
가끔 내가 왜 세상에 왔는지 궁금할 때가 있어요
도대체 이 세상에 가치 있는 것은 무엇인가요?
주머니엔 아무것도 없는데 자꾸 뒤적거려요
채워지지 않는 무엇에 목이 말라요

살면서 알아야할 것들이 그렇게 많아야 하나요?
이 끈질기고 터무니없는 잡념을 어떡하면 좋지요?
엄마한테는 늘 미안해요
하늘을 자주 쳐다보게 되요
하느님을 믿으면 도움이 될까요, 부처님은요?
죽음 뒤엔 무엇이 있나요 그래도 죽는 건 두려워요
여자요? 생각은 많이 하는데 방법이 없잖아요
중2때 처음 수음을 배웠어요
몸에 해로울 것 같고
속으론 창피해 죽겠는데 하는 수 있어야지요
정말 맘에 드는 여자와 결혼할 수 있을까요?
공부를 잘해서 좋은 대학에 가면
진짜 행복한 인생을 살 수 있을까요?
남을 짓밟지 않고 남을 이용하지도 않고 말예요
어젯밤 집으로 가는데 바닥에 쓰러진 걸인을 보았어요
아무도 거들떠만 보지 그냥 지나치더군요
나도 그냥 못 본 척 지나가 버렸어요

아버지는 다이빙 선수였다

앨범의 각진 미로를 따라가며 인화되지 않은 과거를 넘실거리다 아버지와 둘이서 찍은 흑백 사진 한 장이 홍채 안에 빨려 들었다 1962년 동네 목욕탕 앞에서 나는 공손히 두 손을 모았다 로그의 세 가닥 모락모락 피워 오르는 붉은 김이 사실적이다 목욕탕 천정에 송골송골 매달린 식은 물방울 하나 머리위로 떨어진다 홍얼홍얼 늘어진 구구단처럼 뜻 모를 시조창 "얼른 들어와" 아버지는 깊숙이 탕 속에 몸을 담군 채 내게 손짓한다 아버지와 나의 간격엔 수증기로 자욱하다 나는 한쪽 발을 천천히 내밀어 보지만 이내 발을 뺀다 아버지의 눈치를 살피며 스스로 사내답지 못하다고 생각했다 몇 번의 힘겨운 시도 끝에 겨우 탕 속에 마련된 중간 돌계단에 작은 엉덩이를 올려놓는다 아버지의 재촉은 목욕탕 밖에서도 계속되었지만 나는 단 한 번도 "아버지, 뜨거워서 얼른 들어가지 못하겠어요"라고 말한 적은 없었다

내 물건이 아버지의 그것을 압도할 때까지 아버지의 조바심과 나의 머뭇거림은 계속되었다 아버지 앞에선 언제나 사내답지 못했으며 따라서 아들답지 않았다 "차홍국이 아들은 서울의대에 단박에 걸렸는데… 머저리같은 놈" 함경도식 억양으로 책망할 때 내가 할 수 있는 것이라곤 은장도로 허벅지를

찧으며 한없이 스스로 기를 죽이는 일뿐 "아버지, 그땐 너무 뜨겁고 두려웠어요" "영식이가 차 선생님 가슴에 안겨 들어가는 걸 봤는데 얼마나 부러웠는지 아세요?…" 물컹한 기억에서 간신히 빠져나오긴 했으나 참으로 절망스러운 것은 현실의 역할극에서 나는 아버지보다 더 고약한 아버지가 되어있었다는 사실이다 이제 동네 목욕탕에 함께 갈 아버지도 아들도 곁에 없지만 오늘은 혼자라도 가서 물 튀기며 철버덩 탕 속으로 몸을 날려야겠다 함경북도 다이빙 대표선수 이력의 아버지를 둔 아들답게, 사내대장부답게

은빛 칼날 앞의 삶은 감자

69년 고등학교 1학년 때인가 수절 쌍과부 이야기 홍살문이란 영화를 몰래 본 적이 있다 영화를 보는 내내 몸이 오그라들었는데 은장도로 허벅지를 찧는 장면에선 부르르 몸을 떨었다 날것의 성이 충돌하여 뒤범벅된 동영상보다 더 쫄깃쫄깃한 침을 목구멍으로 넘긴 것은 아마 나의 탁월한 상상력 덕분이었으리라 보지 않아도 다 보였다 줄거리를 온전히 넘겨짚진 못했으나 하와의 후예가 나와 비슷한 이유로 오그라들고 견뎌야 할 것이 있다는 사실도 그때 처음 알았다

영화관을 나와서 만나는 여인들은 모두 달라 보이고 까닭없이 민망했다 엄마를 보면서 얼굴을 붉혔다 며칠 뒤 김동인의 감자를 교과서 밖에서 읽었다 복녀와 땟놈과 복녀의 남편놈이 모두 밉고 화가 났다 그래도 복녀는 조금 가여웠다 감자 크기만큼만 연민했다 그날 엄마의 부엌 소쿠리엔 삶은 감자가 담겨 있었다 못 생긴 황인종 같다 몽고반점도 보였다 껍질을 쭉 벗겨놓고서도 복녀를 생각하면 그 뽀얀 속살에 차마 이빨을 들이댈 수 없었다 얼른 씹어 삼키지 못하고 멈칫멈칫하는 사이 내 사춘기는 망쳐지고 있었다

고슴도치 겨울나기

젖먹이 동물 고슴도치가 땅속에서 한겨울 내내 웅크리고 있자면 보온을 위해 서로의 체온이 절대 필요하다 가시외투로는 춥고 외로워서 홀로 지내기가 힘드니 똘똘 뭉쳐 서로 상대의 온기로 겨울나기를 하는 것인데, 가까이 하면 할수록 상대의 온기를 더 느낄 수 있음을 알고 처음엔 무한정 밀착하다가 내 가시는 네 피부를 찌르고 너의 가시 역시 나의 살갗을 파들고 있음을 알고는 "앗! 따가워" 본능적으로 몸을 멀리 떼어낸다 그러다 또다시 고달파져 시나브로 몸을 좁히는데 그 시행착오를 머리 좋은 놈은 두 번, 지능이 좀 떨어지는 도치는 세 번쯤 겪고선 절묘한 거리감각을 터득한다네 서로 껴안고 충분히 온기를 나누면서도 상대를 자극하지 않는 그런 거리, 모르긴 해도 사람에게도 쉽지 않은 간격일 터 어쩌면 두어 차례 학습효과로는 어림없을지도 모를, 아니 되레 사람이기 때문에 그런 상처 계산 없이 마구 껴안고 뒹굴고 싶을지도 모르는 일

긍정의 맛

수입소고기 장사 하는 사촌동생이
설날 손에 무언가 하나 들고 집으로 왔다
선물꾸러기인가 했는데 눈 부비고 다시 보니
검정 비닐에 담긴 것이 축 쳐져서
어린애 오줌지린 속바지인 줄 알았다
그런데, 씩 웃으며 고기 조금 썰어왔다고 내 놓는다
수입소고기일망정 지난해엔
각진 나무통에 반듯하게 담아 보자기로 싼 고기였는데
올해는 동생의 사정이 신통치 않은 건지
내 시원찮은 위신에 걸맞는 치레인지는 몰라도
고기의 품질이야 내 알 바 아니고
정중함의 불필요한 거품을 빼버린
선물로서의 격은 확연히 차이가 났다
어머니는 "고맙다, 이런 건 다 뭣 하러 가져 오냐"
진정한 마음으로 반가워하고 대견해하면서
따라온 어린 조카들의 손에
빳빳한 신권 일만 원씩을 쥐어주었다
며칠 후 어머니가 끓여주신 소고깃국을 먹었다
나는 얻어먹는 주제에 내내 입맛이 깔깔하고 텁텁한데
어머니는 "어이쿠 달다 맛나다" 하신다

정말로 그렇게 맛있어요?
“맛있고 말고. 유정 애비 가져온 괴기가
질기지도 않고 참 구시하고 좋으네”
“한우보다 비싼 서양소도 있다던데 거시긴가 보다”

꼴림에서 꿀림까지

끌림에서 출발한 우월적 자세가 꼴림이다
언제까지 탱글탱글 유지되느냐가 관건이다
엔진은 녹슬고 동력이 차단되어
더 이상 위로 올라붙지 않으면
착 가라앉고 마는 모양이다
꼴림의 체위는 꿀림으로 수습된다
한때 경탄의 대상이었을
그대에게도 영락없이 꿀릴 것이고
종국엔 모든 밀고 당기는
자장의 힘도 사라진다
음극과 양극이 없는 쇳조각은
숟가락몽둥이보다 못하다
꿀림에서 끝장나면
삼라만상이 멈춰서고 만다
립스틱도 기저귀도 날선 권력도
모두 사라지고 말 것이다
끌림에서 시작해 질질 끌려가다가
고개 숙인 꿀림으로 땡땡 종쳐버린다

3

애정이 꽃피는 언덕

별꽃 세례

얼었던 땅 위로
내가 잘라낸 손톱만한 새순 돋아
천지 환해지는 이 조화는 무엇인가

나무가 어찌 마음의 창을 여는지
생강에 가라앉은 돌멩이의 숨구멍은
어디에 붙었는지

꽃들은 어쩌자고 다투어 피고 지는지
그 꽃의 눈망울로
사람들의 꿈이 무언지
그리고 나의 정체는 누구인지

겨우내 눈길 한번 주지 않았는데
욱신거리는 정신의 근육통에
별꽃 파스 한 장

척 붙여주겠노라는 저 자비
멈칫거리는 내 어깨 위로

오늘은 후드득
별꽃 세례 무더기다

애정이 꽃피는 언덕

연애의 시동이 막 걸린 사람들끼리는 불편하다
곁에 두지 못할 때는 가슴이 불편하고
함께할 때는 행동이 불편하다
하지만 그대 아시는지
아무리 가슴 덜컹거리고 굴러 자빠진다 해도
하찮은 평화와 바꾸지 못할
무시무시한 열락인 것을

연애하는 사람들은 늘 안절부절
작은 실수 하나에도 그대 혹시
마음 상한 건 아닐까 어찌할 바 모르고
용서받기까지 너무 시간이 오래 걸리면 어쩌나
일이 손에 쥐어지지 않는 걸 그대는 알까

분별없는 열정에 속이 꺼멓게 탈 때도 있지만
사랑은 서로 포개어져 겹꽃으로 피는 환희
그 원소의 탯줄 또한 그곳에 닿았기에
칡넝쿨처럼 엉키면서 뿌리 흔들며 자라고 있음을
서로 말하지 않아도 잘 안다

잠시 불편해 보일지언정 그것이
너와 나의 애정이 꽃피는 언덕임을 어쩌랴

하늘에 쓰는 유치한 가을편지

지난밤 옹골차게 퍼붓던 비로
강은 방죽 어깨까지 불어나고
강물은 가을빛 황토색으로
사람의 뜀박질보다 몇 배는 더 빠르게
바다를 향해 구불텅구불텅 달리고 있습니다

바다 해수욕장 간이 천막은 접힌 지 오래지만
8월의 달력은 오늘에야 찢겨져 나갔습니다
한동안 여름 속의 가을인지
인디언의 여름이라는 가을 속에 여름인지
어정쩡한 망설임도 이젠 안녕입니다

그러나 얼마동안 사람들은
반소매 차림의 보행이어도 무방하고
둔한 매미는 귓바퀴를 도는 이명으로 남아
지난여름의 추억을 부채질할 것이며
성가신 모기는 개념 없는 테러리스트처럼
여전히 착한 아이들의 붉은 피톨을 노릴 것입니다

하지만 이제 당당하게 가을이라 말합니다

잎이 제 격정으로 꼭 발갛게 물들어서거나
하늘이 유난히 높다랗게 편집되어서가 아니라
문득, 먼 곳 상류의 강물처럼 흘러와
그립다 생각나는 사람 몇몇
오늘 그들 안부가 궁금해지는 걸 보면
가을은 정말 가을인가 봅니다

키 크고 어깨 넓은 사내의 팔뚝에
대롱대롱 매달려 살고 싶다던 인경이는
차인표 같은 남자를 만나 잘 살고 있기나 한지
그렇다면 지금도 그 팔뚝의 근력은 건재한지
하중이 불어난 탓에
맥없이 고꾸라지는 건 아닐까 슬며시 염려됩니다

여름만 되면 그 지독한 겨드랑이 땀 냄새로
시집이나 제대로 갈 수 있을지
내내 우울했던, 그러나 착하디착한 순희는
소원대로 여름 한 철 사람들과 덜 마주쳐도 좋을
선생님이 되어 있는지, 행여 그까짓 땀샘 탓에
지난여름을 우울하게 보낸 건 아니었는지

영화배우가 되고 싶다던 문방구집 아들 석하는
썩 잘 생긴 얼굴이 아니라서
브라운관 사각 속에
가끔 단독으로 슬쩍 잡히기만 하여도
원 없이 기쁘겠노라 빛나는 조연을 소망하였는데
한 번도 그의 얼굴을 만날 수 없어
지금은 어떤 모습으로 늙어 가는지 궁금합니다

키 작고 나이보다 겉늙어 보였던 달수는
멋쟁이 그의 어머니가 어릴 때부터 소망했던
우편배달부가 되어 부릉부릉
열심히 오토바이를 타고 다니며 살았는지
아니면 어머니의 기대치보다 훨씬 출세했는지도
어디 알아볼 데 있으면 알아보고 싶고요

서울법대 출신 교수로 명망 있는 시민운동가로
그러면서 나 같은 어리벙벙한 친구와도
곧잘 어울려 희석식 소주의 병뚜껑깨나 땄던
그러나 스스로 몸을 던져버리고 없는 현직이는
어느 어둠의 깊은 골짜기를 헤매고 있을지

아니면, 자유와 정의의 맑은 땅 위에서
가랑비 흐뭇하게 온몸으로 맞고 있을지
그의 근황을 묻습니다

그 친구들 말고도 이 가을은
많은 사람을 생각나게 하여
많은 이에게 미안한 마음을 전하고 싶고
수줍고 어눌했던 내 지난 모습과 더불어
그리다 만 물감 재료가 굳어진 채
엉겨 붙은 양철 팔레트로도 추억합니다

그리고 그 모든 이에게 편지를 쓰고 싶습니다
우리의 만남은 언제나 아름다웠으며
설령 그때는 즐겁지 않았어도
지나놓고 보니 모두 행복한 순간이었노라고
많이 보고 싶고 지금은 더 많이 참고 있다고

그곳, 그 순간

지나가는 두루마리구름 궁둥짝을 올려다보며
발그스름하게 달아올랐던 첫 수줍음
순간, 난데없는 가맛바람 지나가고
사주팔자란 이런 것일까
기습적으로 맞이한 단 한 차례의 긴 포옹
매운 입맞춤, 은밀하게 속 시원하게

세상의 온갖 빛이란 빛은 다 끌어 모아
봉우리마다 활활 무더기로 타오르기 시작한 불꽃
수십 대의 탱크로리에서 기름이 부어지고
수백 대의 레미콘이 자글자글 섞이는 시간에
터질 것 다 터져 고요해진 대견사지

기어이 내 발이 닿은 그곳
다시 한 점 바람으로 여위어간 절정의 순간
네 마음의 뒤란에서 벌어진 분홍 꽃 잔치

묵비권

제 스스로의 격정으로 물든 저물녘
아마릴리스의 붉은 얼굴을 빌려
구름 속에 드러누운 여름날의 혈흔
구름의 터진 목책 사이로
슬금슬금 내비치는 하늘의 속살
입술과 입술 사이 조금 벌어졌으므로
저 붉은, 금기의, 눈부신, 환장할

낯익은 길 속에서 불러낸 오래된 풍경
하지만 주전자의 물은 끓어 넘친 지 오래
삐걱거리는 관절
엄지로 꾹 눌러 기를 죽이고
들키고 싶지 않은, 아니 들키고 싶은
미지근한 가슴만 열어
살갗에 자꾸 달라붙는
물 묻은 조간 신문지처럼
건성으로 아주 잠깐 숏 타임으로 놀다

아주 사소한 관찰들

파리의 재단사 졸리 벨랭은 실수로 식탁에 쏟은 테레빈유가 그 부분의 얼룩을 말끔하게 씻어 내는 걸 보고 드라이클리닝을 발견했다 나도 적지 않은 유리창과 그릇을 깨트리고 구정물과 기름과 커피를 엎질렀다 그러나 아무것도 반짝이지 않았다 어떠한 사실도 새로 발견된 것은 없고 증명되지 않았다 타박상 입은 영혼의 푸른 멍만 선명했다

촛불의 낡은 조도 아래로 먼저 죽은 친구들이 스쳐지나간다 고무줄에 묶인 부도난 수표 쪼가리들이 서랍 속에서 아예 사라지기까지는 30년도 더 걸렸다 미나리꽝에서 꼬물거리던 거머리에 대한 기억과 함께 수족관의 금붕어가 몸을 비틀면서 앞으로 나아갈 때 지느러미에서 내 인기척을 본다 모이 몇 알을 던져 넣는다 맥주 컵 속에 자라나는 양파 뿌리를 통해 내 슬픔이 조금씩 자라나는 모습이 역력하다 푸르게 솟아오른 잎줄기는 내 몫이 아니었다

시계를 들여다보는데 아무런 의미는 없다 실수로 위스키를 희석시키려 담아온 조각 얼음을 마루에다 엎질렀다 순간 금붕어의 지느러미가 빠르게 움직이면서 내 시야에서 사라졌다 양파의 뿌리는 그냥 그대로였으나 망설임의 주저흔이 잠시

작동을 멈추었다 적막하다 고양이라도 한 마리 키워서 장화를 신겨야겠다

유도留島에게 안부를 묻다

김포에서 강화도 가는 뱃길을
비집고 들어가다 보면
둥둥 떠다니는 외로운 한 섬
유도를 만난다
분단의 틈바구니에
사람 모두 떠나 버리고
이제는 백로와 뱀의 천국인
백로는 뱀의 새끼를 잡아먹고
뱀은 백로의 새끼를 잡아먹는
서로가 서로의 밥을 위해
새끼를 까야만 하는 유도의 생존법
지금, 그곳 그들의 안부가 궁금하다

황금 이빨

구순의 친구 아버님이 얼마 전 세상을 떠나셨다
오늘내일하실 무렵 병원에서 이런 일이 있었다고 한다
친구를 귀 가까이에 불러 앉혀놓고서
"창용 애비야 내 이빨 이거 뽑고 가면 안 되겠냐,
요즘 금금이 좋다는데 입 안에 두 돈은 있을끼다
이거 다 애비 해준 거 아이가"

저 세상 여행 떠날 채비 다 끝내고 일기예보 듣듯
금값이 치솟고 있다는 뉴스를 들으신 게다
이 세상 비 많이 내리고 저 세상 무지개 저편이라
우산은 두고 가시겠단다
이 세상 피붙이 팔뚝에 촛농처럼
당신의 마지막 금붙이 녹여 떨어뜨리고 가시겠단다

동맥 울울했던 당신의 팔 기운 다 빠져도
이제 힘쓸 일은 없다하시며
씹어야할 남의 살도, 질긴 푸성귀도 없다며
어금니 악물고 저 세상 문을 향해 걸어가지 않아도 된다며
저울에 올려놓을 것들
무거운 것 다 내려놓고 가시겠다며

다시 읽는 논어

사람이 칠십까지 살아내기가 여의치 않았던 시절
그 나이라면 가르칠 일도 깨우칠 것도 없었겠다

나이 오십에 하늘의 뜻을 다 알아차려야 한다 했으니
그 문턱 넘은 뒤로는
다만 제각기 붙은 자리에서
순서대로 순해지기만 하면 되는 것 아닐까

귀가 순해지는 이순耳順에 앞서
쉰다섯 즈음엔 입이 순해지는 구순口順이어야 지당하고
귀와 입이 양순해진 다음 눈의 착함이 순서일 터
예순다섯 안순眼順은
세상으로 향하는 눈이 너그러워질 때

가는 귀 느는 잠 이제 다 살았나 하다가도
입과 귀와 눈이 일제히 말랑말랑해지면
좌뇌 우뇌 다 맑아져서 복장 또한 편해지겠거늘

아직도 주둥이는 달싹달싹
귓속은 가렵고 눈은 그렁그렁

찻잔 속 들여다보며 간장종지만 달그락대고 있으니
이 무슨 변고인가

늪으로 간 수레바퀴

친구의 아내가 아파트 9층 베란다에서 화단으로 몸을 흘렸습니다 참고로 친구의 딸은 대학병원 전문의고 아들은 막 로스쿨을 나온 변호사입니다 친구와 그 자식들은 무너져 흩어진 억장의 파편 속에 주저앉아 오랫동안 넋을 잃었습니다 어쩌다가… 빈소를 찾은 내게 친구는 앞뒤가 맞지 않는 관용구 몇, 대명사 두어 개로 자초지종을 말해 주었습니다 뼈와 뼈 사이 나사가 죄다 풀어진 몸의 진술이니 오죽했겠습니까 추리작가쯤이나 되면 모를까 그녀의 추락을 더는 흥미본위로 듣고 있을 수가 없었습니다 친구의 아내는 여간내기가 아니었습니다 늪에서 발버둥을 쳐댈 때도 공기 밖에선 콧노래를 불렀다고 합니다 진하게 살다가 독하게 갔으나 주목받는 생은 아니었습니다 친구의 진술이 제법 구색을 갖추기 시작한 건 한참 시간이 흐른 뒤였습니다 터진 복장도 조금은 아문 듯 보였습니다 팥알만큼 졸아들었을 간덩이와 캄캄했을 그녀의 하늘을 짧게 생각했습니다 그녀의 생과 불생 사이에 매복되어있던 욕망과 탐욕, 쾌락과 공포, 방울뱀과 사과, 아편과 원죄를 내 다리 꼬집듯 툭 건드려보았습니다 언제 함께 바람이나 쐬고 오자… 친구에게 권유했습니다 아슬아슬하게 겨울이 봄을 앞질러간 어느 날이었습니다

선암사 뒷간과 선운사 해우소

전라도 승주 지방을 여행하다가 만약에 똥이 마렵다면 좀 참았다가 기어이 선암사 화장실로 가서 볼일을 보라는 권유를 어디서 들었다 배설의 낙원이라며 똥 썩는 냄새마저도 은은하고 향기롭다던 그 선암사 뒷간, 그런데 이게 어찌된 영문인가 무작정 88고속도로에 차를 올려 당도한 전라도 땅 승주도 잊고 선암사도 날려버려 결국엔 선 무슨 사와 배설의 낙원이란 것만 기억의 잔고로 남은 전라도 문외한 게다가 미당과 최영미와 또 누구누구가 시로 썼다고 하는 고창 선운사 그 위에 포개어져 대충 입력되어 있었으니 고속도로를 내려 담양 땅 지방도에 들어서면서 아랫배를 천천히 압박해온 배변욕구 초입부터 단단히 벼른 낙원을 향하여 인정사정 볼 것 없이 냅다 선운사로 달려 해우소를 네 곳이나 뒤졌다 꿍꿍거리며 향기를 확인했지만 나프탈렌과 암모니아 냄새가 뒤섞인 여느 해우소와의 변별이 어려웠다 정보 해석이 불량하여 딱한 것은 나 자신인데 내내 원천정보 제공자만 탓하였으니

가을 운동회

종이만국기 팔락팔락 긴 줄에 걸린 학교 운동장
집단체조와 달음박질을 위해 그어진 횟가루 선은
백설탕처럼 반짝였고 우리는 이날이 오기를
기다림의 눈깔사탕을 매일 빨고 녹였다

허술한 맞배지붕 형상의 광목 천막 아래는
어른들의 잔칫집, 그러나 우리에겐 야전사령부
하얀 모자에 호루라기 하나씩을 목에 건
선생님은 영락없는 야전 지휘관

그날은 내 바지춤에도 돌돌 감긴
십 원짜리 지폐가 내 자존을 한껏 치켜세웠고
청군이 이기면 큰일이나 날 것처럼
백군 이겨라 목이 쉬도록 소리쳤으며
뜻도 모르는 '브이아이시티오알와이' 를 외쳐댔다

김밥과 사이다로 대표되는 성찬
김밥으로 행복했던 위장을 사이다로 헹구었다
가장 먼저 배운 수준 높은 한자가
얇은 공책 표지에 올리브 나뭇잎으로 휘감긴

파란 스탬프의 '賞' 이란 글자
몇 권 수중에 넣고 나면
세상 다 거머쥔 듯 의기는 양양했고

기를 쓰고 모래주머니로 터트린 달 바가지 속에는
우리들의 꿈이 주르르 흘러내렸다

다음 생에는

꽃눈 날리는 부활절 동구시장 앞
더디 걸으며 세월을 굽어보네
욕망은 낡아 이승이 소진되어가니
숨죽은 푸성귀마냥

사는 게 모두 시금털털해진 어르신
임자, 다시 태어나도 나랑 살 생각 있는감?
헛꽃으로 날린 젊은 날 떠올리며
아내는 고추씨 기름처럼 매운 눈물로 말하네
어림없는 소리 마셔, 꿈도 야무지지
다시 태어나면 나도 팔자를 고쳐야지

며칠 끙끙 앓다가 아내의 손 이끌고
어르신은 비슬산 2부 능선 얕은 자락에 올랐다
봄바람에 하염없이 날리는 참꽃향기
의젓한 산이 품은 온전한 모음의 온기
품에 안겨 어디까지고 날고픈 헐렁한 마음

꽃잎 하나 입에 물고 내려오면서
다음 생에 당신 다시 만나는 건 딱 싫은데

그래도 운명적으로다가 또 부딪친다면
내 한 번 생각은 해 보께
그렇다고 다짐받을 생각일랑은 하들 마시고

착한 여자들

연애는 모든 것을 공유하고자 하는 욕망이다
그와의 시간과 공간, 공상과 기침까지도
교집합이 부풀수록 외로움은 줄어들 것이라 믿는다
오줌을 참지 못하듯 그녀는 외로움을 견디지 못했다
착한 여자들이 대체로 그렇다
그들은 스스로 알아서 기어주고 잡아주길 바란다
몰라주고 알아차리지 못할 땐 섭섭하다
그래요 하고 달려가고 싶은데
글쎄요 라며 뒤끝을 흐리기도 한다
착한 여자일수록 구름 위에서 놀기를 좋아한다
구름 속 선녀는 늘 용감한 나무꾼들의 차지다
그들은 때때로 예의 없는 나쁜 남자이기도 하지만
무식이 낳은 용기로 대포를 쏘아대며
수줍음 잘 타는 착은 남자들을 밀어낸다
나도 지근 거리에서 딱 한 번 착한 여자를 만났다
하지만 망상과 가래침만을 나눠가졌을 뿐
길고도 길게 숙명적으로 외로웠다
간신히 래시피를 알아내어
간을 맞추고 나쁜 남자가 되었을 땐
이미 어금니가 왕창 빠져나간 뒤였다

낭인 그 사내

시장기를 배에 두고 장을 보다가는 자칫 불필요한 구매를 충동하거나 다급하지도 않은 물건을 덥석 집어들 위험이 높다는 용의주도함으로 맞선보러 갈 때마다 미리 딸딸 쳐내어 시장기를 덮곤 했다는, 엄정한 관찰과 심사를 거쳐 백야와 오로라를 보여주겠노라 약속하고 그대만을 굳세게 사랑하노라 삼부 다이어 끼워 신부를 맞았던 그 사내, 그랬는데 어느 순간 턱이 수그러들기도 전에 떫은 감처럼 아내가 시큰둥해지더라고, 과속방지턱도 무시하고 열심히 냅다 달린 탓일까 무기질로만 고스란히 남은, 하지만 몸에 물기 마르지 않아 지나가는 젊은 여인에게 빼앗긴 눈꼬리가 잠시 꿈틀할 수는 있겠는데, 목까지 회전시켜가며 뒤태를 상습 관찰했다는 혐의로 그 사내 아내의 발에 채이고 말았지 거울에 비친 사물은 실제의 거리보다 더 멀리 있어 늘 그 오차만큼 조심하라 했거늘 긍휼히 여기지 않는 아내 탓만 하고 있으니, 아직 석삼년은 더 깊숙이 삿갓 쓰고 떠돌아다녀도 할 말 없겠네 탕아의 귀향은 언제나 적요의 노을이 짙게 깔릴 때라야 가능한 법

일심동체

일찍 해 떨어진 긴 겨울밤
아내와 이른 저녁을 먹고 일찌감치 잠자리에 누웠다
낯선 시간 나란히 누운 자리마저 낯설다
그냥 자느냐 마느냐 아내의 눈치를 살폈다
갑자기 뱃속에서 꾸르륵 소리가 났다
"배에 거지가 들었나, 저녁이 좀 부실했나봐"
"아니 이건 내 소린데"
아내는 방금 그 소리의 출처가 자신의 뱃속이라고 한다
오래 살 맞대고 살다보면
배짱은 몰라도
뱃속 사정만큼은
네 것 내 것 변별력이 떨어지나 보다
결핍은 누가 먼저랄 것도 없이
이렇게 신호를 먼저 보내는가 보다

4

새들의 역습

이상한 과장법

아무리 생각해도
회비 오만 원이 내 분수에 넘쳐
갈까 말까 딸막딸막했던 연말 모임
본전 뽑을 요량에
점심 푸댓자루까지 헐렁하게 비우고서
굳센 마음으로 참석했다
7년 만에 만난 친구가 얼굴 좋으네,
잘 지내지? 하는 일은 잘 되고?
너스레를 떨며 안부를 묻는다
그는 내가 하는 일이 무엇인지
하지 않는 일이 무언지
일을 하는 대신
무슨 뚱딴지를 껴안고 사는지
알지 못한다
놀고먹는지 먹고 노는지
개 밥통에 밥을 말아 먹는지
알 턱이 없다
응, 밥은 먹고 산다네
나는 진실로 거짓 없이 정중하게 대답했다
'겨우' 란 수식어를 넣어 말하려다가

순간 거지 같아서 관뒀다
요즘 우리 나이에 그만하면 잘 나가는 거지,
그래, 어떤 사업이야? 나중에 한잔 사라!
밥은 먹고 산다는데 잘 나가는 건 뭐고
한잔하자도 아니고
사라는 말은 무슨 개뼈다귀 같은 수작인가
밥은 먹고 산다는 말이 결국
터무니없이 겸손한 과장법이 된 셈이다
분식회계로 걸린 피의자처럼 낯이 뜨거웠다
2차 노래방에 가서 딱 한 곡
목청껏 내 사랑 내 곁에를 뽑고
집으로 돌아오는 길
해 바뀌면 끊기로 다짐한 담배의
남은 마지막 한 개피에
불을 붙여 몇 모금 힘껏 빨았다
어둠 속 가물가물한 담뱃불의 소실점이
손가락 끝에 걸려 명치가 뜨거웠다

사는 재미

늙은 지구에 앉아
아득히 낡은 생각만 하고 있을 게 아니라
근사하게 떠보는 맞장을 꿈꾸나니
질펀하게 엎어터지든가 후련하게 두들겨 패든가
코에선 황소 콧김 새나오고
찐득한 피가 주르르 흘러내리지만
나중엔 팔뚝으로 코피 문지르며
내 꼴이 저 꼬락서니거니 서로 씩 웃고 마는

욕망이 늙으니 사는 것도 시들해지는데
앗살하게 실패한 연애마저 그립나니
어떻게 한번 해보려는 수작이
꼬이고 들통 나 차인 것은 말고
황금의 순도로 뜨거웠던 연애
소설 속에 나부끼고 영화로 찍어도 손색없을
다만 삐끗 허방으로 깊게 무너져 내려앉는

한 잔에 어제를 잊고 한 말에 과거를 잊는다는
'취생몽사' 를 옆구리에 차고
편평한 동산에 벌렁 드러눕고 싶다

물병자리에서 물고기자리까지 별의 선을 잇고서
또박또박 눈 맞추어가며
풍찬노숙의 밤 지새운 적 있던가
종이배 접어 강물에 띄워 보낸 일은
종이배마냥 홀로 저 강 가운데서 흔들리는

일상의 가장자리에 쭈그리고 앉아있을 때
남들 다 가는 길 묻어서 가는 생에서는
도무지 눈동자 안으로 빨려들지 못하는 정경들
국숫집의 고추는 왜 매웠는지를 생각하며
매운 고추에 얼얼한 가슴을 두들기네
소풍 날 바위틈 보물쪽지처럼 숨어있는
세상의 외곽 그 언저리 꼭짓점에 매달려
충분히 대롱대롱 흔들리는 저 홍옥처럼

새들의 역습

존 F 케네디공항 착륙을 앞두고
20여 분이나 선회비행이 계속되었다
기체결함도 없고 날씨도 맑았다
돌발적인 그라운드 사정이란다
허드슨강 하류에 서식하는
수백 마리의 새떼들이
각자 입에다 큼지막한 백합조개를 하나씩 물고와
일제히 활주로에 낙하시켜
아수라장이 되었던 것이다
입맛은 알아가지고
바다에서 조개를 주워 물긴 했는데
그냥은 도저히 속살을 파먹을 재간이 없어
시야가 훤히 터이고
껍데기쯤은 한 방에 박살 낼 만큼의
강도가 보장된
활주로를 이용했던 결과였다
인간의 뺨을 후려치는
이들의 기막힌 솜씨를 목격했는데
천만다행인 것은
이들의 특별한 먹이활동이

만날천날이 아니라
꼭 보름달이 뜰 무렵
월 한 차례씩만 감행한다는 것이다
그 이야기를 듣고 야릇한 즐거움에
내 꼬리뼈가 움찔거렸다

뒤통수

너댓 살이나 되었을라나
귀여운 사내아이의 초롱초롱한 눈길이었다
“너 막걸리 한잔 할래?”
“전 됐고요, 어르신들이나 많이 드세요!”
“너무 과음하지는 마시고요”

친구와 함께 들른 동네 빈대떡집에서
제 부모 손잡고 따라온 아이가
하도 똘망똘망 명랑해 보여
장난질 한번 쳤던 것인데,
이거이거 이것 봐라
어른 뺨 양쪽으로 후려갈기는 솜씨라니
요런 맹랑한 것 보았나

김지하 시인의 외아들이고
박경리 선생의 외손자인
원보 씨 서너 살 무렵
외할머니 등에 어부바했을 때,
마침 찾아온 기자가
“넌 엄마가 좋아? 아빠가 좋아?”

질문이라기보다는 개념 없는 희롱에
원보는 기가 차고 콧물이 다 막혀
그 기자 한참 째려보다 "둘 다 싫어!"
침 뱉어내듯 한마디 찍 하고서
얼굴 돌렸다지 않은가

칠성동 굴다리 밑에서 주워왔다는 따위
예전엔 질질 짜기도 했던 어설픈 놀림이
요즘 아이들의 진보된 좌뇌엔
씨알도 안 먹힌다는 걸
진작 알았어야 했는데

덕이

녹수청산 자연과 하나 되는 태공의 풍류가 이러한가
여울여울 흐르는 물살에 똥짜바리 푹 담구고
게으른 줄에 미끼 끼워 멀리멀리 흘려보내는 견지

미끼와 화친만 하면 만사는 형통인데
아줌마 식겁하고 뒤로 나자빠지는 사이
대여섯 살이나 될까
사내아이 손바닥에 밥풀떼기 같은 이것 올려놓고
연신 아이고 귀여워라 졸라 어여쁘다 난리다

꼬물거리는 놈 빤히 보며
이티에게 그랬듯 손가락 교신 중
옆에서 철딱서니 없는 어른의 초치는 소리
“그거 자라면 파리 되는데 그래도 징그럽지 않니?”
어깃장 아랑곳없이 대꾸도 명랑하다
“그래요? 그럼 집에 갖고 가서 파리 날 때까지 키워야~지!”

그러고 보니 호박잎에 뛰어오른 개구리 새끼마냥
사랑스럽고 예쁘기만 한데 이름만 거시기 하다
방귀녀 석을넌 권태기 죄다 개명한 마당에

과감하게 성만 버리면 되겠다
이제 덕이 무서워 장 못 담글 일은 없겠다

명왕성

처음엔 막둥이가 제법 구실할 줄 알았는데
가만 보니 그렇게 작을 수가 없다고
졸졸 따라다니는 똘마니 달보다도 더 작다고
돌아버릴 땐 확실히 돌아야 하는데
똑바로 돌지 못하고
제멋대로 왔다 갔다 한다고
눈에서 멀면 마음에서도 멀어진다는데
멀어도 너무 멀리 있다고
눈에 잘 뵈지 않는
통제 영역 밖에 있다고
자기 혼자 무슨 짓을 할지 알 수 없다고
생긴 것도 사과가 아니라
참외처럼 생겨먹어 조금 삐딱하다고
전에도 화성과 목성 사이
작은 떠돌이별 두 개가
태양계에 입적되었다가 파양된 적이 있지
요하네스 케플러가 일찌감치 정해둔
룰을 어긴 반칙이라고
심심해하던 지구과학 선생님을 위해
아이들에게 작은 호기심 하나 던져주느라고
이제 와서 아예 호적에서 파버리다니

갱생更生

친구 K는 하산주 큰 사발 한 잔에 면허정지를 당했다 기왕 벌어진 일에 관음백일기도의 각오로 이를 악물었다 영판 딴 사람이 되어 대중적으로 착하게 살기로 작정한 것이다 먼저 지하철 이용의 효율을 극대화하기로 마음먹었다 최신 스마트폰으로 기종을 변경할까 망설이다가 점잖은 체면도 있고 하여 에라 모르겠다 돋보기와 함께 책을 몇 권 샀다 책 속엔 시집도 두 권 끼어 있었다 용맹정진 80일째, 책갈피를 넘기면서 전에 느끼지 못했던 짜릿한 전율을 수시로 경험했다 느끼는 자의 행복이란 이런 건가 싶었다 하늘을 자주 쳐다보았으며 코를 스치는 솔향기가 살가웠다 먼 산 초록이 더 선명하고 눈부셨다 80일 전 속이 히뜩 다 뒤집어졌던 자신을 돌아보며 배시시 미소를 흘렸다 그동안 내다버린 이산화탄소를 생각하면 저 흰 구름에게도 미안한 생각이 들었다 감면교육을 받으러 가지도 않았다 소나타는 개든 소든 타라고 하고 아예 면허를 반납했어도 나쁘지 않을 뻔 했다 스스로 생각해도 교화는 제대로 되어가는 듯싶었다 다시 하산주 한 사발 풀어진 등산화 끈을 고쳐 맸다

물이 말랐다

해 바뀐 기념사업으로
네 칸짜리 책상서랍을 일제히 빼내 바닥에다 엎었다
언젠가는 요긴하게 써먹으리라
집결된 잡동사니들

10년 전 친구 사무실 개소식에서 증정 받은
빳빳한 곽, 보료에 누운 볼펜 세트 하나
맨 먼저 눈에 들어왔다.
아끼느라 개봉도 안 했으니
물론 개시도 안 한 것이다

빈 노트에다 볼을 우아하게 굴린다
이런 제기랄, 먹통에다 벙어리 바보천치다
아예 똥도 싸지 못 한다
달과 별을 무한반복으로 그려 넣고
오만상 고난이도 리본체조로 몸을 풀어도
요지부동 묵묵부답 투명이다

유배지에서 너무 오랜 외면의 결과다
데려다 써먹지 않으니 고인 물이 다 마를밖에

과감히 쓰레기통 속으로 내동댕이치고서
마려웠던 오줌을 누러 화장실로 갔다
희미한 곡선의 힘없이 툭툭 끊기는 오줌발을
한참 내려다보았다

고요가 나를 안심시킨다

이런 풍경은 적어도 60년쯤 낯설다
가로수나 전봇대 따위
모든 배경은 길속으로 빨려 들고
길조차 희미해져가는
처음엔 주변 정비가 잘 된 계획도시로 착각할 뻔했다
나는 발이 없어 걷지 못하므로
동동동 가슴 두드리며
가려운 겨드랑이에서 날개 돋기만을 기다렸으나
어쩌나, 삭탈된 시간의 뾰루지만 오들도들
우물쭈물하다 딱 걸린 시간들
고뇌는 종양도 되지 못하고
되돌아 나와 뾰루지 끝 이슬방울로 빛난다
길은 조금씩 하늘 향해 말려 올라가는데
집행된 시간은 물려줄 수 없다 하니
다만 오래 견뎠으므로 더 오래 괜찮으리라 믿고
이슬의 증발을 의심 없이 지켜보았다
무엇이 옳고 그른지 아직도 분별 못하지만
이제 내 오랜 잠의 이불을 걷어내고 눈을 뜨고 싶다
부스럭거리며 남겨진 뾰루지의 끝을
투둑 건드리는 사이
새벽 4시의 고요가 나를 안심시킨다

목구멍엔 포도청이 없다

출근길 급하게 먹은 빵 한 조각으로 숨 막혀 죽은 회사원이 있었다 그는 평소와 다름없이 편의점에서 빵과 우유를 사서 목구멍으로 밀어 넣었다 그의 행동은 전혀 새삼스럽지 않았다 늘 가던 길을 갔으며 하던 대로 빵을 삼켰을 뿐이다 너무 큰 고깃덩어리나 삶은 감자 따위를 덥석 한 입에 물고 넘기는 것은 매우 위험하다는 주의사항을 잘 숙지하고 있었지만 소용없었다

역시 빵을 삼키다가 죽은 청년이 있었다 그의 빵 먹는 방식은 매우 본능적이고 저돌적이었다 먼저 집어넣은 빵이 미처 침과 섞이기 전에 다른 빵을 물었고, 빵이 식도에 닿기 전에 또 빵을 입으로 밀어 넣는다 빵으로 입 안의 공백을 다 메운 격이다 먹을 게 보이면 기필코 먹어야 했으며 먹지 않으면 탈이 날 것 같았다 그는 정신질환을 앓고 있었다는 유력한 소문이 나돌았으나 어차피 어느 누구의 나들목에도 파수꾼은 없다

그리스 시인 소포클래스는 포도 알맹이를 잘못 넘기다가 죽었고, 로마의 황제 클라리우스도 깃털이 목에 걸려 죽었다 거울을 앞에 두고 입을 앙 벌려 보라 생각보다 목구멍은 아주 작고 가늘다

무엇에 빠진다는 것

오래전 멀쩡한 대학 나와 그럭저럭 무난한 직장에서
사회생활 잘 하던 후배가 있었다
어느 날 느닷없이 신학대학 간다며 부서 안을 돌면서
인사하던 그에게 사람들은 너나없이
가장 큰 사업에 도전한다며 그를 축하했다
나도 넉넉하게 웃으면서 그의 등을 두드렸다

방학이라 집에 들어앉은 큰아이에게
어디 알바라도 하지 그러냐고 했더니 바쁘단다
일주일에 한 번 가도 될 교회를 무슨 꿀이 발렸다고
매일 그것도 새벽마다 열성인지
나는 상식적으로 이해하기 힘들었다
친구는 목회자가 되는 것은 어떠냐고 권했지만
나를 닮아 어수룩한 구석이 많은 녀석이
감당해낼 직업은 아닌 것 같았다

자기가 좋아하는 일을 직업으로 갖는 것만큼
크나큰 축복은 없을 것이다
그런 신앙이 밥알을 만들어준다면
코를 박고 빠져도 말릴 명분은 없으리라

큰아이는 결국 가장 큰 사업에 도전했고
신학대학원을 나와 장가도 들어 제 아이도 낳았다

그러나 여전히 큰아이는
하나님 말씀과 밥알을 검지로 헤아리고 있다
사람이 무엇에 빠진다는 것
도대체 어디까지가 상식적으로 용인될 수 있을까
세상의 온갖 유혹들
종교, 도박, 연애, 낚시, 게임, SNS…
운동(무슨 운동이건 간에), 예술(시를 포함해서)
생활의 최소 방편이나 공영에 크게 이바지 않는 이상
어느 것도 먹고 사랑하는 일 보다 우선일 수 있으랴
나는 아직 큰아이의 등을 두드려주지 못하고 있다

세상에서 가장 맛있는 술

세상에서 가장 맛 나는 술은
로얄살루트 50년산 위스키도
샤또 페트리우스 특등급 와인도
그렇다고 무조건 하산길 막걸리 한 사발이나
갸우뚱하다 보면 나오게 되어 있는 입술
배시시 웃음 짓는 유두주
치사한 공술 따위는 더더욱 아닌
좋은 술친구와 함께 마시는 술
청탁 안주 장소 불문 진실로 맛 좋은 술

좋은 술친구란
이야기 안주의 경계와 문턱이 없는
마른명태처럼 쫙쫙 찢어지는
정치판 육담 넘나들다
가족사에 짐짓 진지한 척 귀 기울이다 말고
문학 동네와 예술 판을 휘저어 다니다가
촘스키와 앨빈 토플러를 넘보아도
도무지 어색하지 않은
아무 말이나 섞어 지껄여도
격이 떨어지지 않는

이를테면 광화문 뒷골목 대폿집에서
양반 탈 웃음을 달고 다니는
허홍구 시인과 마시는 참소주 같은 술

11월의 붉은 기도

태풍은 비켜가고 격랑은 멈췄습니다
저마다의 소출로 셈을 마치고 전은 둘둘 말렸습니다
몇은 지전을 세기 위해 손가락에 침을 바르는데
빈 모눈종이만 만지작거립니다
헛헛한 명치끝을 누르고 그대의 자비에 무릎 꿇습니다

한 해의 끄트머리 한 발 앞에서야
퍼덕이지 않아도 되었을 숱한 근심의 날갯짓들
조바심으로 서성거리고
의심으로 동동거렸음을
고백하며 고개 푹 숙입니다

새 달력을 걸고 새해를 한 아름 받아들었을 때
시작과 끝이 한결같기를 기도했건만
밭고랑의 물은 비쩍비쩍 말라가고
노을은 파다하게 번지고 있습니다

가지 끝 설익은 열매 대여섯,
붉게 물들기는 이제 글렀나 봅니다
다시 시간의 유령 앞에 섭니다

마음은 급했으나 질질 끌려 다닌 시간들
쥔 주먹 사이로 스르르 빠져나간 뒤끝입니다

마른 이파리 떨어져 아무렇게나 나뒹구는
쇠잔한 시간의 소리를 쓸쓸히 듣습니다
다시 안간힘 다하여 무릎의 관절을 일으킵니다
언제나 그랬듯이 나무늘보의 미련한 몸짓으로
두레박을 내려 찬물 한 동이 길어 올립니다

기춘 아지매

성주군 선남면 오도리 기춘 아지매의 삶은 촛불 이전과 이후로 확실히 갈라졌다 사드란 괴물이 들어선다는 소문을 듣기 전에는 심산 김창숙이란 인물이 이 고장 사람이었다는 사실을 까맣게 몰랐다 알 턱이 없고 듣도 보도 못한 이름이었다. 자기랑 나이는 비슷한데 얼굴은 엄청 더 예쁜 탤런트 김창숙은 안다

이 나라에 '껍데기는 가라' '그 모오든 쇠붙이는 가라' 고 외치다 간 신동엽 시인도 처음 들었다 같은 이름의 개그맨은 가끔 보아서 안다

김소월 윤동주의 시 한두 편은 제목도 알아 완전 맹탕은 아니라 자부했건만, 이참에 몇몇 시인의 이름을 새로 주워들었다 집안 동생이 일러주었는데, 시를 잘 써 억대의 상금을 거머쥐었다는 문인수란 시인의 고향이 성주란 사실도 새롭게 알았다 군청 앞마당에서 시를 읽어주던 멀끔한 젊은이 수상씨도 시인인 것을 알게 되었다

결과적으로 그놈의 사드 때문에 신간은 고되었지만 먹물은 좀 먹은 셈이다 기분 더럽게 성 빼고 자기와 이름이 같은 나

치장교를 닮은 사람, 미꾸라지란 별명의 우 씨란 사람이 청문회에서 모른다 안했다 앵무새처럼 주낄 때, 전 같으면 그런가 보다 했겠는데 분통이 터져 주둥이를 쥐어박고 싶었단다

자기가 뽑은 국회의원도 창피해 죽겠단다 매양 가던 길로 붓 뚜껑을 찍어온 제 손가락을 분지르고 싶었단다

어떡하지?

태양의 중심이 수평선 아래 15도로 기울 때
우리는 일몰이라 하고 해는 잠시 죽는다
초등 5년 담임 선생으로부터
저 이글거리는 태양도 열이 식으면
지구는 멸망한다는 무시무시한 협박을 처음 듣고서
벽시계의 초침과 시침을 번갈아 관찰하며 불안해했고
동무의 삶은 건포도처럼 우울하게 보였다
지구가 죽다니, 지상의 모든 생물이 사라지다니
아마존 원시림은 산소를 끊임없이 펌프질 해대고
지금도 사하라의 달 아래선 스라소니가 짝을 짓는데
조금 더 자란 뒤 해를 다시 올려다보았다
정말로 사하라의 체표면적은 조금씩 불어난다 하고
펌프질하는 브라질 여인의 근력은 점점 떨어지고 있단다
언젠가 태양이 까맣게 타들어갈 때
펌프는 고장이 나고 세상은 모래바다가 되겠지
푸름은 생물의 연대와 함께 묻힐 배경에 불과하며
더 이상 아이가 없으니 사랑도, 사랑도 없을 것이다
어쩔 것인가, 누구에게나 건너야할 사막은 있다지만
지금 우리는 해마다 조금씩 따뜻하게 겨울을 보낼 뿐
사하라는 아직 멀리 있다 생각하지

동무의 얼굴은 오늘도 건포도처럼 우울하고
어제 이탈리아에선 붉은 눈이 내렸다

새들의 귀환

40년 전 미국의 5대호 가운데 비교적 규모가 작고 한적한 '이리' 호 당국에선 관광객 유치 차원에서 여성 알바를 모집했다 호수 주위에서 그저 비키니를 입은 채 큰 타월을 깔고 엎드려있거나 누운 자세로 선탠을 하고 음악을 들으며 책을 읽는 척만 하면 시급이 지급되었다 선블록과 선글라스도 무상 지급되었다 소문을 듣고 남성 관광객이 몰려들었고 나중엔 그다지 양질의 햇살이 아님에도 선탠 명소로 알려지면서 이 지역은 벌거벗은 남녀들로 창궐했다 그리고 이 지역의 자연주의자들은 한 가지 일을 더 추진했는데 전선 피복의 사이즈를 지역 텃새 붉은머리오목눈이의 손아귀에 딱 맞게 두께를 조정했다 소문을 듣고 발 사이즈가 엇비슷한 동부지역의 텃새 흰점찌르레기가 떼로 몰려들었다

| 시인의 산문 |

현대시의 감상과 향유

권순진(시인)

무엇을 어떻게 읽을 것인가

프랑스 작가 스탕달은 '살고 쓰고 사랑하였다' 는 묘비명을 남겼다. 우리는 누구나 그처럼 살고 쓰고 사랑하기를 희망한다. 다만 여기서 '쓰고' 는 글 쓰는 일이 될 수도 있고 돈 쓰는 일로 읽힐 수도 있다. 물론 스탕달의 경우는 글을 쓰는 작가로서의 삶을 의미한다. 어느 경우든 원하는 삶을 살기 위해서는 남다른 인내와 노력이 필요하다. 사랑과 인생이 그러하듯 글을 잘 쓰기 위해서는 먼저 다른 사람의 글을 충분히 읽어야 한다. 즉, 자신의 글을 쓰기에 앞서 폭넓은 독서가 요구되며 그것은 시의 경우도 마찬가지이다.

좋은 시인이 되고자 하는 사람뿐 아니라 교양을 목적으로 하는 시 읽기에 있어서도 어떻게 시를 감상할 것인가는 매우 중요하다. 시를 통해 정신을 긴장시킴으로써 자신을 풍성하게 하여 삶의 의미를 확대할 수 있는 기회로 삼는 것은 시 읽기의 가장 큰 효용이다. 시를 포함한 모든 독서는 그들의 사상과 경험과의 만남으로 즐거운 체험과 함께 나 자신에 대한 자극으로 삼을 때라야 그 의미를 갖는다. 하지만 세상의 널리고 널린 책과 시집 가운데 무엇을 읽고 어떻게 읽을 것인가를 고민하지 않을 수 없다.

문학을 어디서부터 읽지? 하고 묻는 것은 마치 개가 뼈다귀의 어느 쪽부터 먹어야 하느냐고 묻는 말과 같다고 베니트는 말했다. 무슨 작품부터 시작하든지 상관없다. 물론 양서란 것은 존재하겠지만 내키는 대로 어디서부터이고 먼저 책을 읽고 시집을 뒤적이는 자체가 무엇보다 중요하다. 읽으면서 어떤 작품이 흥미롭게 다가왔다면 그 작가의 세계를 보는 방법이 자기에게 공감을 주었다는 의미이다. 그것을 통해 자신을 깨우치고 새로운 삶을 느끼고 즐거움과 동정과 이해를 받아들이는 능력을 심화시키게 된다.

독서를 통해 우리는 세상을 바로 인식하는 방법을 알게 될 것이며 어떻게 살고 사랑할 것인가를 터득하게 될 것이다. 문학이란 다양한 간접적인 체험의 형태로 우리들에게 다가오는 미더운 친구임을 차츰 알아가게 된다. 자연스레 어떤 시들이 내게 영양가가 있는지도 알게 된다. 여기서 우리는 문학이 사람의 눈빛마저 바꿔 놓는 사례를 목격한다. 문학은 전에 없던 의미들을 탄생시키고 이름이 없던 것까지를 명명하며 시선을 교정하고 마음의 테두리를 넓혀간다. 그렇게 하여 삶이 깊어지고 따스해짐을 차츰 느끼게 될 것이다.

현대시 감상에 대하여

시는 의미의 전달만이 아니라 그 속에 함축된 의미의 암시나 상징, 변용을 통해서 정서적이며 감각적인 미적 감동을 이해해야 한다. 한 시인의 시를 읽는다는 것은 그 시인의 미적 감동을 간접적으로 체험하는 일이다. 시의 행간 속에 감춰진 함축적 의미의 발견이나 시인이 표현하고자 하는 바가 무엇인지를 이해함으로써 감명을 받을 수 있는 것이다. 어떤 독서도 마찬가지겠는데, 시를 읽고 간접적인 체험으로 지식과 인격을 느끼면서 배워야 한다. 그리하여 자기의 의식으로 지식과 교양을 넓혀나가는 밑거름으로 삼아야할 것이다.

따라서 작품 감상은 단순히 내용에 대해 공감하는 정도의 소극적인 행위에 머물러서는 부족하다. 작품의 전체적인 인상과 느낌을 통합하여 새로운 미의 세계를 재창조하는

데까지 나아가야 한다. 시를 읽고 감상하는 일은 그 시인의 세계를 깊이 있게 묵상하는 좋은 작업임은 두말할 나위가 없다. 시는 마치 경전처럼 시인의 깊은 영감이 서려있는 경우가 많다. 그러므로 깊은 묵상의 시 읽기는 별천지의 세계로 여행하는 것과도 같다. 그러나 시는 읽는 사람의 관점이나 방법, 소양에 따라 얼마든지 다르게 해석되고 다른 것을 볼 수 있으리라.

작품의 세계와 수용자의 삶이 서로 조응할 때 올바른 이해와 감상이 이루어진다. 한 시인의 여러 작품을 모아서 감상하는 것도 한 방법이다. 더욱이 좋은 시를 쓰고자 하는 사람은 무엇보다 시인들의 다양한 작품을 감상하여 그 깊은 감동의 세계로 몰입하는 법을 배우고 시에서 주는 영감의 리듬을 체득하여야 한다. 시는 내 안에 숨어있는 하나의 감정의 창고이다. 우리는 그 문을 활짝 열지 못한 채 서성이고 주저하기 일쑤다. 그럴 때 좋은 시의 감상은 자신과의 끊임없는 대화를 불러일으키며 감성을 자극한다.

숨어있는 나를 발견하기 위해 굳게 닫힌 마음의 문부터 열어 재껴야 한다. 마음의 문을 여는 설렘은 시를 읽는 일뿐 아니라 사람과 사람이 만나 서로 사귀는 데에도 꼭 필요하다. 우리가 어떤 사람을 만났을 때 서로가 상대방을 의심하거나 자신의 고집을 지키려고만 한다면 둘 사이의 이해와 소통은 이루어질 수 없다. 때로는 설득당하는 것도 능력이고 용기가 필요하다. 시도 이와 같다. 다른 점이 있다면 시는 인쇄된 지면 위에 존재하므로 독자가 먼저 마음을 열어야 한다는 점이다. 그러면 시도 그 자신의 모습을 우리에게 보여 주리라.

하지만 여전히 시와 일상의 거리는 멀다. 일상에서 시란 꿈과 현실의 괴리만큼이나 동떨어진 그 무엇이다. 일상의 언어로는 해독하기 힘든 암호 같은 시도 있긴 있다. 하지만 시가 멀게만 느껴지는 가장 큰 이유는 시를 가슴으로 받아들이지 않고 머리로 이해하려 하기 때문일 것이다. 시에는 시인의 고통과 희열의 진액이 고스란히 녹아 있다. 시인의 눈물과 슬픔이 거름이 되어 한 편의 시가 탄생한다. 그러므로 시를 이해할 수 있는 가장 좋은 방법은 묻지도 따지지도 않고 시 속으로 저벅저벅 걸어 들어가 시인의 가슴과 맞닿아보는 것이다.

시를 재미있게 읽으려면

똑같은 시를 읽어도 어떤 사람은 새로운 상상을 하며 아주 재미있게 읽고 또 어떤 사람은 시 속에 담긴 의미를 간과한 채 건성으로 읽으며 하품을 한다. 누구나 재미나게 읽고 싶겠지만 그 방법을 모르는 경우가 많다. 이때 필요한 것이 창의적인 시 읽기이다. 창의적으로 시를 읽는다는 것은 읽는 사람의 경험이나 상상을 바탕으로 다양한 관점에서 시를 이해하고 음미함을 의미한다. 글쓴이의 생각에 자신의 경험을 견주어가며 상상을 덧붙이고 하나의 방향이 아닌 여러 방향에서 읽고 생각하다보면 자연스레 재미나게 읽힐 것이다.

시는 많은 사유를 통해 탄생되는 예술이다. 우리의 생각과 사색에는 다양한 상상력이 동반한다. 작은 일상에서부터 차원 높은 우주관에 이르기까지 인생을 살아가면서 모든 사람은 사유 없이는 살아갈 수 없다. 이러한 사유 속에는 어떻게 살아갈 것인가 하는 인생관이 있으며 일생동안 기필코 성취되어야 할 목표인 꿈과 희망도 있다. 시 쓰기에서 많은 사유가 필요한 점도 시인의 정서와 밀접한 관계가 있기 때문이다. 결국 많이 사유한다는 것은 많은 상상력을 빚어낸다는 뜻이다. 이 상상력엔 순도 높은 인생의 고민이 담겨져야 한다.

시로 읽는 세상은 눈앞의 실상을 좀 더 리얼하게 조명한 것일 수도 있고 어떤 문제의식을 갖고 대안으로 제시하는 세상이거나 상상력과 꿈으로 엮어낸 이상향도 있을 것이다. 시에는 내가 살아보지 못한 세상이 존재하고, 내가 살아가는 세상의 이야기라 하더라도 여태껏 제대로 깨닫지 못한 모습도 담겨있다. 때로는 자신을 되짚어보게 하고, 내 삶과 현실에서 새롭게 다가오는 의미와 함께 어떻게 나아가야할 것인지를 모색케도 한다. 시는 언제나 우리의 삶을 새로 출발하도록 고무하며, 삶의 근원으로 되돌아가게 할 것이다.

시인은 한 편의 좋은 시를 창작함으로써 즐거움을 갖게 되며, 독자는 좋은 시를 읽음으로써 낯선 세계를 경험하며 새로운 감동을 맛볼 수 있는 것이다. 시가 삶에서 직접적이고 물질적인 도움을 주지는 못하나 간접적이고 정신적인 풍요로움을 주는 것만은 부인할 수 없다. 그것도 재미와 의미 그리고 감동으로 미적 진실을 제공한다는 면에서 시의 효용가치는 실로 크다고 하겠다. 특히, 시인의 상상력에 의해 언어로 재창조된 진실은 우주의 새로운 모습을 색다른 각도에서 제시한 것이므로 경이로운 삶의 나침판 구실을 하는 것이다.

시의 수용과 향유

독자가 시를 수용하고 자신의 삶을 어떻게 변화시켰는지, 그리고 어떤 가치로 변용하여 내면화되었는지를 쉽사리 알

수는 없다. 그저 시인의 눈을 따라가다 보면 세상에 대해 새로운 통찰을 하기도 하고 시를 감상하면서 자신의 영혼을 위로받을 수도 있는 것이다. 이러한 울림과 깨달음의 지속을 위해 그 통찰과 감동을 글로 써보는 일은 얼마나 유익한 경험인가. 이는 독자가 세상을 보는 시각을 정리하는 일인 동시에 세상과 정서적으로 합치하는 방법의 하나로 내면에 자리 잡게 될 것이다.

독자가 작품으로부터 받은 심미적 자극과 이에 대한 독자의 여러 가지 반응이 어우러져 작품의 의미가 독자의 마음 안에서 실현되는 것을 '수용'이라고 한다. 작품의 수용 활동은 작가, 작품, 독자를 주요 요소로 한 복합적인 관계와 맥락 위에서 이루어진다. 작품을 수용하는 관점은 다양하다. 작가의 생애나 사상과 같은 전기적 사실에 주목하여 수용할 수도 있고, 작품에 나타난 세계가 현실을 어떻게 반영하고 있는지에 주목하여 수용할 수도 있으며, 작품이 독자에게 어떠한 영향을 미치는지에 주목하여 수용할 수도 있다.

시 작품을 어느 하나의 관점으로만 수용하기보다는, 다양한 관점에서 작품의 총체적 의미를 포착하려고 노력해야 한다. 시는 자신에 대한 존재확인이자 존재증명이다. 까뮈는 시를 부조리한 삶에 있어서 존재증명을 위한 최후의 몸부림이라고 했다. 시는 그렇듯 자신이 살아 있음을 증거하고 확인할 수 있는 존재증명의 방법이자 자아실현의 수단인 것이다. 또한 시는 궁극적인 면에서 자기구원의 길을 의미한다. 삶의 근원적 목표가 자아실현이고 정신의 구원이라면 종교가 그렇듯이 시를 통해 구원을 갈망한다는 말이다.

하지만 시는 여기에 머물지 않고 공적인 면에서는 더불어 사는 삶, 함께 살아가는 사회를 반영하지 않을 수 없다. 시는 개별적인 구원의 길에서 출발하지만 넓게는 사회, 역사를 향해 열린 인간구원의 길로 나아가기도 하는 것이다. 팍팍한 일상을 살다보면 위로가 필요한 순간이 있다. 어떤 말로도 시린 마음을 달랠 수 없을 때, 시는 우리의 마음속에 온기를 전하고 따뜻한 손길로 쓸쓸한 등을 다독인다. 마음을 울리는 시 한 편은 가슴 밑바닥에서부터 행복한 충만감이 차오르는 위안을 선사한다.

시인의 의식과 경험과 상상력이 녹아 있는 시를 통해 사회와 삶을 또렷이 이해할 수 있음은 물론이다. 예술로서의 향유의 기쁨도 다른 장르에 못지않게 곧장 삶의 질을 높일 만큼 크다 하겠다. 시와 폭 넓게 사귀고 빠져들면서 정신적 육체적으로 위안이 되고 구원을 받았다고 고백하는 시인과 독자들을 여럿 보아왔다. 시인의 통찰력이 우리의 삶을 각성케 하고 실천 의지를 돋구어주기도 하는 것이다. 일상이 만들어 내는 파장에 시의 귀는 열려있고 시는 모든 지식의

숨결이자 정수이기도 하다. 이만하면 시를 써보고 싶은 마음이 왜 돋지 않으랴.

시는 어디에 있는가

좋은 시는 상상력의 크기에 정비례하는 것은 사실이지만 시는 갈수록 일상적인 소재와 평범한 화법을 구사하며 발전해 오고 있다. 우리는 매 순간 수많은 느낌에 휩싸여 살고 있다. 시는 일상에서 일어나는 오만상 생각과 느낌을 표현하고, 그 발산을 통해 해소하는 기능을 갖고 있다. 그처럼 시를 쓸 수 있는 마음도 이미 모든 사람이 갖고 있는 것이다. 다만 그것을 아직 발견해 내지 못했을 뿐이다. 시는 결코 특별한 감정이 아니다. 다른 감정 표현과 다른 점이 있다면 발산하는데 그치지 않고 새로운 세계를 창조한다는 것이다.

글 쓰는 일이 무에서 유를 창조해내는 작업이기는 하지만 비법이 존재하지는 않는다. 세상 모든 일처럼 정도가 있을 뿐이다. 그 정도라는 것은 아시다시피 읽고 생각하고 쓰는 것이다. 사람에 따라 그 과정에서 자신만의 내밀한 요령을 터득하는 수도 있지만 그것은 아주 미세한 경험과 깨달음들의 결과이기 때문에 남에게 뭐라고 설명할 수 있는 성질이 못된다. 글쓰기는 정해진 공식이나 이론에 대입시킨다고 해서 되는 것이 아니다. 글쓰기는 자신만의 독특한 시행착오를 통해 얻어지는 필연과 우연의 만남이다. 사실 여기에 글쓰기의 어려움이 있다.

글을 쓰고 싶은 동기를 가졌다 해도 대부분은 시작도 해보지 않고 포기하는 수가 많다. 기대감이 열등감으로 바뀌어서 그렇고, 욕심과 의욕만 앞서 자신의 능력을 과대평가한 나머지 스스로의 한계에 부딪쳐서 그렇고, 게으르거나 용기가 없어서 그리 된다. 우리는 남과 비교함으로써 불행이 시작되기도 행복이 찾아오기도 한다. 남의 글을 읽으며 우리는 오만해지기도 하고 위축되기도 하지만 엄밀히 말해 문학은 절대적인 계량 평가가 불가능하다. 어떤 이에게는 눈물을 쏟게 하는 감동일 수 있지만 또 다른 이에겐 유치한 신파로 다가올 수 있다.

모든 독자를 감동시키는 보편성을 지니면서도 문학적으로 수준 높은 글을 쓰기가 당연히 쉬운 노릇은 아니다. 무엇보다 중요한 것은 자신의 이야기를 진솔하게 풀어놓는 것에서 출발해야 한다. 우리가 읽고 감동을 받은 글들은 주제나 소재가 유별나서가 아니라 대체로 자신의 세계를 솔직하고 적나라하게 드러냈기 때문에 깊은 울림을 준 것들이다. 부끄럽고 추한 부분, 인간이기 때문에 어쩔 수 없이 치미는 미세한 감정의 변화까지도 숨김없이 보여주기 때문에 독자는 흥미와 감동을 느끼는 것이다.

글은 먼 나라 이야기거나 원대하고 초월적인 세계를 쓰는 것이 아니라 대수롭지 않은 자기 이야기에서 출발한다는 것을 염두에 두어야 한다. 진부하고 의미 없는 경험일지라도 타인에게는 그것이 새로운 충격과 간접 경험의 단서로 작용할 수 있다. 내겐 부끄럽고 자존심 상하는 생각이지만 타인에게는 남의 내면을 들여다보는 즐거움이 되기도 한다. 글감을 먼 곳이 아닌 자기 주변에서부터 찾아보는 습관이 필요하다. 빨래하고 설거지한 일, 시장을 한 바퀴 돌아보면서 느낀 것, 남을 증오하고 시기한 것 따위도 갈무리한다면 시로 탄생될 수 있으리라.

그럼에도 시의 힘을 믿는다

우리는 누구나 혼자라는 생각에 쓸쓸하고 외롭다고들 하지만 우리 주위엔 수많은 존재와 생명들이 있고 무엇보다 하느님이 함께 계신다. 그 사실을 잊고서 다른 존재들과 단절되어 있다고 여길 때 외로움을 탄다. 그러나 뭇 생명들은 늘 그 자리에, 그리고 내 곁에 있다. 심지어는 무생물이나 관념적인 것들까지도. 내가 눈을 감고 귀를 막아 그들이 내게 말을 걸어오고 집적대는 것을 눈치 못 채고 반응하지 않았던 것이다. 쉽게 남에게 마음을 열 수 없다 보니 내 곁에 있는 살가운 존재들에게조차 눈길을 주지 못했을 뿐이다.

아메리칸 인디언들은 그들이 다루는 연장과 주변의 돌과 흙 등의 자연물이나 음식, 그리고 옷과 이불에게 다정한 친구를 대하듯 늘 말을 건다. 밥을 하기 위해 옥수수 단지를 열며 말한다. "오늘도 우리는 너희들이 필요하단다. 내게 필요한 만큼 가져가도록 허락해줄 거지? 고마워. 다시 올 때까지 안녕." 또 화덕에 불을 피우면서 말하고 닭을 잡을 때도 그들을 위해 기도한다. 신던 모카신이 헤져 더 신을 수 없게 되었을 때도 말한다. "많은 시간 내 발을 지켜줘서 고마웠어. 네가 없었으면 내가 많이 힘들고 불편했을 거야."

범사가 그런 식이다. 아침에 해에게 인사하고, 저녁에 달에게 말을 건네고, 밤에는 별과 대화하는 것은 그들의 일상이다. 그렇게 삶에서 마주하는 모든 존재들에게 그들은 다정하고 정겹게 인사하고 시적으로 말을 건넨다. 아니 그 말들이 곧 시다. 이런 말 걸기가 바로 말의 성찬, 시의 힘이 되어 삶을 더욱 풍요롭게 한다는 사실을 우리는 이미 알고 있다. 또한 그것은 이 시대를 살아가는 도회인에게 더욱 필요한 일이다. 창조주에 거침없이 스며들어 그 소통의 통로가 한없이 넓어질 수 있겠기에 말이다.

2009년 5월 백악관에서는 대통령이 주최하여 '시의 힘'을 찬양하는 '시 낭송 파티'가 열렸다. 오바마는 개막연설에서 '우리는 말의 힘(power of words)을 찬양하기 위해 모였다. 말은 우리가 아름다움을 알고 고통을 이해하도록 돕는다'고 했다. 평소 그의 '시 사랑'에 비춰보면 '말'이란 단어를 '시'로 바꾸어도 무방하며 오히려 그 편이 더 자연스럽다. 스티브 잡스의 영감은 윌리엄 블레이크에서 나왔고, 빌 게이츠의 독창적인 사고와 아이디어도 시에서 얻은 이미지 훈련 덕택으로 알려져 있다.

한때 국내 CEO들 사이에서도 '무언가 특별히 다른 1%'를 위해 시를 읽는다는 소문이 나돌았다. 이쯤 되면 농담이 아니라 시집은 새로운 개념의 자기계발서이며 실용서적이라 해도 손색이 없겠다. 하지만 시집의 수요는 예나 지금이나 별반 다르지 않으며, 그나마 팔리는 몇몇 시인의 시집 말고는 대개 별 볼일 없이 그냥 내는 기념품이고 증정용 시집들이다. 여전히 시를 읽어도 세월은 가고 시를 읽지 않아도 세월은 간다고 생각하는 사람들이 훨씬 많다. 시에 길이 있다고 믿는 가상한 독자들을 위해서가 아니라 길에 시가 있기 때문에 그냥 시를 쓴다.